TOBIAS HEISIG

33 Mutausbrüche
für mehr Glaube
im Alltag

TOBIAS HEISIG

33 Mutausbrüche

für mehr Glaube im Alltag

Vier-Türme-Verlag

Brich auf, mein Herz, und wandre!
Es leuchtet der Stern.
Viel kannst du nicht mitnehmen auf den Weg.
Und vieles geht dir unterwegs verloren.
Lass es fahren.

Gold der Liebe,
Weihrauch der Sehnsucht,
Myrrhe der Schmerzen
hast du ja bei dir.

Er wird sie annehmen.
Und wir werden finden.

Karl Rahner, Kleines Kirchenjahr, 1954,
Schluss der Meditation zu Epiphanie

Inhalt

Graswurzelinitiativen

Was geschieht mit uns Gläubigen und mit unserem Glauben angesichts der unsicheren Situation in unserer Kirche und in der Welt? Auf der einen Seite die Sehnsucht, die besten Traditionen dankbar anzunehmen, unsere spirituellen Quellen, die Schrift, unsere Liturgien, die künstlerischen Werke aus Vergangenheit und Gegenwart, aber auch das vielfältige Engagement, zu dem sich Christinnen und Christen im Glauben motiviert fühlen. Auf der anderen Seite die frustrierende Erkenntnis, dass das, was man für »gut« gehalten hat, in wesentlichen Facetten unglaubwürdig geworden ist. Als Christen wurden wir seit Jahren und sehr deutlich damit konfrontiert, dass Menschen auch in der Kirche beschädigt und ausgegrenzt werden. Längst haben wir bemerkt, dass vieles, was wir in der Kirche erfahren, uns kaum anregt und unser Leben nicht wirklich bereichert. Kirche scheint weit weg zu sein. Viel zu wenige Menschen, die sich engagieren. Alles wirkt unsicher und fragil, oft stumpf und schlecht gemacht.

Zwar gab es auch in der Kirche selbst immer wieder die Einsicht und die Auffassung, dass sie »semper reformanda«, also immer wieder zu erneuern ist. Unsere Erfahrung ist aber eine andere: Entwicklungen gehen gar nicht oder viel zu langsam vonstatten. Irgendwie hat uns das kalt erwischt und wir wissen nicht wirklich, wie wir damit umgehen können. Es ist eben nicht so, dass der »Glutkern unseres Glaubens« davon unberührt bleibt. Wir hinterfragen heute das Ganze: die Kirche als Institution sowieso, aber auch das christliche Zeugnis. Und schließlich unseren eigenen Glauben. Nicht selten entgleitet er, löst sich auf. Das »Geschäftsmodell« der Kirche steht auf der Kippe.

Szenenwechsel: Als Unternehmensberater mache ich die Erfahrung, dass die Mehrzahl der Unternehmen, die ich begleite, in folgender Situation sind: Globalität, weltweite Krisen, Digitalisierung und ein durch Niedrigzins und politische Unsicherheiten gekennzeichnetes Marktumfeld erschweren die strategische Ausrichtung. Da die Welt volatil, unsicher, komplex und widersprüchlich ist, muss kurzfristiger und radikal neu gedacht werden. Geschäftsmodelle, die bis heute erfolgreich waren, sind es voraussichtlich morgen nicht mehr (zum Beispiel Verbrennungsmotoren). Die Kundennachfrage wird im Bestandsgeschäft vermutlich dramatisch einbrechen. Neue Ideen müssen her (zum Beispiel im Bereich der Wasserstofftechnologie).

Gleichzeitig möchten viele Firmen die bestehenden Stärken und den sinnhaften Kern des Unternehmens als Potenzial nutzen. Dabei einen Beitrag zur Verbesserung der ganzen Welt zu leisten, ist für manche ein wichtiger Wert. In den meisten Firmen werden umfangreiche Projekte gestartet, in denen es zentral um gemeinsames Lernen geht. Prozesse zur Entwicklung neuer Produkte und Dienstleistungen sollen ebenso neu gestaltet werden, wie das dafür erforderliche Miteinander. Oft wird ausprobiert und getestet. Ein wichtiges Motto im agilen Kontext ist dabei »fail fast« –

scheitere schnell, um daraus zu lernen und die Kosten für Fehler gering zu halten. Das erfordert Mut, weil es teuer ist und voller Risiken steckt und weil Misslingen sichtbar und damit natürlich auch Kritik laut wird.

Zurück zur Kirche: Ließen sich hier nicht einige Parallelen ziehen? Brechen uns nicht auch die »Kunden« weg? Längst ist doch klar, dass wir so nicht weitermachen können. Müssen wir nicht den Mut haben, neue Wege zu gehen? Braucht es nicht ein »Engineering«, bei dem wir den Kern unseres Glaubens ganz neu mit Leben füllen und das uns hilft, endlich die vielen drängenden Fragen zu lösen, mit denen wir immer wieder konfrontiert sind? Müssen wir nicht neue Erfahrungen auch für die Kirche nutzen, als globales und lokales Lernprogramm? Sollte es nicht mehr gemeinsame Perspektiven statt dem Kampf der unterschiedlichen Lager geben? Wäre heute nicht ein spannender Dialog aus Theologie (»Entwicklung«), Kirchenleitung (»Management«) und dem Volkes Gottes (»selbstbestimmte Praxis im richtigen Leben«) an der Zeit, inklusive des Mutes zu mehr Ergebnisoffenheit? Reflexhaft kommt bei solchen Gedanken der Hinweis, dass der Vergleich hinke. So sei das Amtsverständnis der Kirche von einem Managementverständnis zu unterscheiden. Ebenso schnell folgt der Einwand, dass wir dann das Wesentliche unseres Glaubens verraten könnten, und die Sorge, dass wir auf diese Weise viele Menschen nicht »mitnehmen« würden.

Genau das sind jedoch Muster, die uns bremsen. An dieser Stelle braucht es Mut – Mut zu Graswurzelinitiativen, also zu Initiativen, die aus dem Leben kommen, von der Basis, aus der Mitte, von uns. Ohne offiziellen Auftrag und vielleicht auch gegen die Konventionen. Graswurzelinitiativen sind gekennzeichnet durch Offenheit gegenüber dem Neuen, ohne die Angst, dass sich dann unser Glaube verflüchtigt; durch den Mut, frei und neu zu denken und zu handeln, zu stören, aber zugleich in Loyalität zur Kirche zu stehen. Alle Menschen sind eingeladen, sich darauf einzulassen. Gleichzeitig vertrauen wir aber darauf, dass es auch dann gut wird, wenn die Eingeladenen vielleicht nicht kommen. Denn ohne Risiko geht es nicht. Und damit nicht ohne Mut. Auch nicht ohne den Konflikt. Das Wagnis gehört zu unserem Glauben dazu. Ebenso das Vertrauen. »Bin ich nur ein Gott aus der Nähe – Spruch des Herrn – und nicht auch ein Gott aus der Ferne?« (Jeremia 23,23). Gott ist auch im »Exil« mit uns, in der Außenseiter- und Minderheitensituation, im Zweifel, in der Unsicherheit.

Man sagt, die Kirche sei an Pfingsten gegründet worden. Ebenso, dass Jesus die Kirche durch die Verleihung der Vollmachten an Petrus und die Apostel stiftete. Aussagen, die sich nicht widersprechen, aber verschiedene Facetten von Kirche betonen. Auf der einen Seite der belebende Geist, auf der anderen Seite der Blick auf das strukturelle Moment und das Amt. Die Zusage, dass der Herr immer in seinem Geist bei der Kirche bleiben werde, gilt auch für die Amtskirche – und genauso für all jene Frauen und Männer, die kein Amt innehaben. Auch durch sie leitet Gott die Kirche unmittelbar, wie der Theologe Karl Rahner bereits 1958 meinte. Das Entscheidende für den Zusammenhalt der Kirche ist der Geist Gottes. Kirche muss sich als charismatische Kirche verstehen. Es ist ihre Pflicht, vielfältige Anregungen anzunehmen. Und es gehört nicht zu ihren Aufgaben, alle Fäden in der Hand zu haben, selbst dann, wenn die charismatischen Antriebe etwas Schockierendes und Unverständliches an sich haben.

Dies bedeutet aber auch: keiner ist das Ganze, keiner hat alle Funktionen. Wir dürfen also die anderen anders sein lassen. Gleichzeitig müssen wir den Mut haben, Nein zu sagen, wo dies uns unser Gewissen empfiehlt – stets in dem Bewusstsein, dass wir selbst mit unserer Position nicht zu einhundert Prozent richtig liegen werden. Damit stellt die Kirche, so, wie sie sich selbst versteht, allen Menschen großartige Ressourcen zu ihrer eigenen Erneuerung zur Verfügung. Jeder Mensch kann und soll mitgestalten. Wir sind ermutigt, unserer Inspiration zu folgen und »first dancer« auf ungekanntem Parkett zu sein. Wenn einer anfängt zu tanzen und andere folgen, dann entfalten Graswurzelinitiativen ihre Wirkung. Somit sind wir nicht nur aufgerufen, Probleme zu beschreiben oder Prognosen abzugeben. Vielmehr gilt es, selbst Neues zu initiieren und sich nicht von äußeren Rahmenbedingungen beirren zu lassen.

Kirche als Zukunftslabor

Ich schreibe dieses Buch, weil es mir ein Anliegen ist, aktiv zu sein, Wege auszuprobieren, etwas zu tun. Ich möchte nicht geduldig sein. Ich möchte niemanden ausgrenzen, aber auch nicht zu lange auf andere warten. Ich wünsche mir, dass wir vor Ort unmittelbar mutig sind und dabei klein und groß zugleich denken – das Ganze im Blick haben, aber auch die kleinen Möglichkeiten im Alltag. Bei all dem bin ich bewegt von der schmerzlichen Erkenntnis, dass sich die Kirche angesichts von Skandalen und mangelnden Reformen im Kreis dreht und in der Sackgasse steckt. Und von der Wut, die ich angesichts der (für mich medial vermittelten) mangelnden Empathie und Resonanzfähigkeit seitens unserer kirchlichen Leitung empfinde. Die Angst vor dem Verschwinden der Kirche treibt mich um, aber auch die Freude, die ich aufgrund persönlicher Begegnungen im Nahbereich innerhalb und außerhalb der Kirche zu existenziellen Fragen, auch Glaubensfragen, erfahren darf.

»Der Herr sprach zu Abraham: Geh fort aus deinem Land, aus deiner Verwandtschaft und aus deinem Vaterhaus in das Land, das ich dir zeigen werde!« (Genesis 12,1). Abraham, der Vater aller Glaubenden, wird aufgefordert, Heimat und Familie hinter sich zu lassen. Er soll Unbekanntes suchen und Neuland betreten. Dieses Neue ist vielleicht auch von Angst geprägt. Aufbruch und Mut sind aber stärker. Nicht das alte festzuhalten ist der Anspruch, sondern das Neue zu wagen: Dynamik statt Stabilität. Wie Abraham das schaffen soll, wird nicht erklärt – aber warum er es tun soll: »Ein Segen sollst du sein« (Genesis 12,2–3). Mut zu proben heißt, sich engagiert auf Experimente einzulassen. Wir riskieren Neues, ohne sicher zu sein, wie es ausgeht. Und wir setzen dabei darauf, dass Gott das Neue mitgestaltet, dass er wirkt und bei uns ist. Das gibt Kraft.

Noch einmal zurück in die Welt der Unternehmen: Manche Firmen schaffen für solche neuen Wege spezielle Umgebungen in Form von »Innovation Labs« oder »Inkubatoren«, also Labore und spezielle Teams als »Brutkästen« für Neues. Unser Laboratorium ist die eigene Wohnung, der Zug, der Arbeitsplatz, das Kirchengemeindezentrum. Am Küchentisch haben wir gute Möglichkeiten, Kirche zu bauen und zu leben. Kirche als Zukunftslabor. Hier können Gründergeist und Mut sich entfalten. Mutproben sind eine Möglichkeit, sich zu erproben. Sie finden in konkreten Kontexten statt und vereinen die biblische Radikalität mit dem heutigen Leben. Mut hat etwas mit Neugierde zu tun. Mit gewagtem Experimentieren. Mit Tun. Mit Fehler-Machen. Mit Lernen, Bestätigt-Sein. Mit Überschreiten und Wachsen. Mut ist energetisch.

Kleinmut, Hochmut, Heldenmut?

Mut betrifft uns selbst und bedeutet auch, uns selbst zu hinterfragen. Zum Beispiel, ob wir aufgrund von festgefahrenem Denken nicht selbst in der Gefahr stehen,

› zu spalten, indem wir Lager bilden (fortschrittlich – konservativ ...), uns gegenseitig das Recht absprechen, so zu reden, wie wir es tun, und so eine Konfliktdynamik entfachen, die tiefe Wunden hinterlässt.

› zu verkrampfen, indem wir angespannt nach oben (das heißt zur Kirchenleitung) schauen und auf Reformen warten, die dann doch nicht kommen.

› Gemeinschaft vor allem als Opposition zu verstehen: im Kampf gegen irgendetwas (das Kapital, die Traditionalisten ...) und sich damit abzugrenzen, ohne zu schauen, was die eigenen Kraftquellen sind.

› permanent im Defizit zu sein, vor Ort die Mangelerfahrung machen: zu wenig engagierte Menschen, zu viele Aufgaben.

› kaum Resonanz zu erfahren im Freundeskreis, der in Hinblick auf Kirche mindestens gleichgültig, wenn nicht ablehnend ist.

Hochmut und Kleinmut gehen oft Hand in Hand. Die Versuchung, sich vollständig abzuwenden oder sich zumindest der Fraktion der »Melancholisch-Katholischen« anzuschließen, wird größer. Doch was wäre der Preis dafür? Wir würden Potenziale übersehen, die im Evangelium und der Tradition der Kirche liegen. Wir würden auch denjenigen nicht die Treue halten, die auf dem Weg der Kirche mutig gewesen sind, darunter viele bekannte und unbekannte Menschen – Hildegard von Bingen, Franziskus, Franz Jägerstätter, Hans Küng, mein Nachbar, meine Großmutter, meine Kollegin ... Wir würden die visionären Antworten, die Papst Franziskus zum Beispiel in seinem nachsynodalen apostolischen Schreiben »Querida Amazonia« auf unsere existenziellen Fragen gibt, nicht nutzen. Und wir würden vor allem die Notwendigkeit einer radikalen Veränderung in der Kirche nicht ernstnehmen, die heute ansteht und zu der wir im Kleinen, im Nahbereich beitragen können.

Also liegt es doch an uns, und wir brauchen Tapferkeit und Heldenmut? Die Mutausbrüche, die in diesem Buch beschrieben sind, gehen in eine ganz andere Richtung. Ziel ist nicht, durch Heldentaten Status und Geltung zu erlangen. Heroismus ist nicht gemeint. Ein geplantes Martyrium steht ebenso wenig auf der Agenda. Ich denke nicht so groß. Es geht um höchstpersönliche Wagnisse in kleinen Schritten, die jede und jeder selbst dosieren kann. Um Schritte, die in der Alltagspraxis greifen. Es geht um Erfahrungen, die uns helfen können, das Christliche (wieder) zu entdecken. Die teilweise ein wenig frech, aber immer von einer positiven Grundhaltung und dem Willen zur Verbundenheit getragen sind. Sozusagen ein »Parcours auf fremdem Terrain«, wie der Jesuit Michel de Certeau es formulierte.

Mut macht mutig

Gedanken verändern

Mut spüren wir in uns zunächst als eine Frage, die sich oft als Mischung aus Neugierde, Erwartung, Zweifel und Sicherheitsbedürfnis meldet. Soll ich's tun – oder soll ich's lassen? Ein innerer Dialog, der mal mehr oder wenig bewusst stattfindet. Ausgelöst wird er an der Grenze zwischen Vertrautem und Neuem. Grenzüberschreitung bedeutet Transzendenz – eine Situation, die wir als schwierig oder fordernd erleben und die uns zum Handeln auffordert.

Mut ist aber auch eine Antwort. Zum Beispiel in Situationen, in denen Zurückweisung droht, ein Misserfolg oder eine Veränderung, die immer auch mit Verlust einhergeht. Die Angst, die sich dann häufig meldet, ist unser wichtigstes Grundgefühl. Angst verdrängt andere Gefühle und Zustände wie Hunger, Neugier und selbst so etwas Intensives wie Wut. Als Hinweisgeber zum Vermeiden von Gefahren hat Angst eine elementar überlebenssichernde Funktion. Ausgelöst wird sie durch unsere Wahrnehmung. Es ist nicht die objektive Gefahr, die uns Angst macht, sondern das, was uns unsere Sinne vermitteln, und unsere meist reflexhafte Interpretation dieser Wahrnehmung. Ein Auto, das auf uns zurast, werden wir sehr klar und übereinstimmend als Gefahr interpretieren, die uns Angst macht (wodurch wir in der Regel über unser Nervensystem wirksam zur schnellen Flucht aktiviert werden). Ebenso ein als gefährliches eingestuftes Virus, welches bei den meisten Menschen Schutzverhalten erzeugt.

Anders ist es in Situationen, die nicht eindeutig sind: ein Gespräch, das wir erwarten, eine Aussage des Gegenübers, der nächtliche Spaziergang in dunklen Straßen, ein bevorstehender Flug. Die Gefahrenlage ist hier alles andere als klar und kann unterschiedlich interpretiert werden. Angst als Kernemotion liegt sehr häufig am nächsten. Dies gilt noch deutlicher für soziale Situationen: die Angst vor Scham, vor Ausgrenzung, die Angst, sich unpassend zu verhalten oder dumm dazustehen. Selbstverständlich ist Angst in diesen Situationen nicht per se grundlos. Aber mit der Interpretation selbst geht das Phänomen der sich selbst erfüllenden Prophezeiung einher: Das gedanklich und emotional vorweggenommene erwartete Ergebnis wird zur Ursache eben jenes Ergebnisses, das wir durch entsprechendes Verhalten erzeugen. Gemäß dem sogenannten Thomas-Theorem: Wenn Menschen eine Situation als wirklich definieren, ist sie in ihren Konsequenzen wirklich. Wenn wir beispielsweise denken: »Ich bin so allein«, dann kann dies sehr schnell ein Gefühl von Einsamkeit auslösen. Gleichzeitig wird davon auch unser Verhalten beeinflusst: Wir ziehen uns zurück, was wiederum die Einsamkeit begünstigt. Ausgangspunkt für das Entstehen von Einsamkeit ist die Bewertung einer Situation mit dem Gedanken, allein zu sein.

Die Art und Weise, wie wir eine Situation bewerten und interpretieren, ist also ganz entscheidend für das, was weiter geschieht. Wenn wir beispielsweise eine Situation unter dem Aspekt der Gefahr betrachten, werden wir ihr ausweichen. Wie Jona, der nicht nach Ninive wollte und stattessen entgegengesetzt nach Tarsis fuhr (Jona 1,3). Die daraus resultierende kurzfristige Stressentlastung wirkt wie eine Belohnung. Kurzfristig ist durch unser Manöver nichts passiert. Die Wahrscheinlichkeit, dass wir das Vermeidungsverhalten weiter wiederholen und uns dafür entsprechende Rechtfertigungen ausdenken, steigt. Dies gilt insbesondere für soziale Situationen des Alltags, wie zum Beispiel einen Disput in der Gruppe (am Arbeitsplatz, in der Familie oder Kirchengemeinde ...). Dem kann man am einfachsten entgehen, indem man unverbindlich bleibt, sich nicht festlegt. Zumindest kurzfristig wird es so vermutlich nicht zum Konflikt kommen. Sozialer Mut hieße, Farbe zu bekennen, klar Stellung zu beziehen, ohne zu wissen, wie die anderen reagieren. Ob wir das tun, hängt stark von unserer Einstellung, unserer Erwartung und unseren Wahrnehmungsfiltern ab.

Oft ist unser Mut also bei sozialen Risiken wie Ablehnung, Widerspruch, Kränkung, Aggression und Verächtlichmachung herausgefordert. Mut heißt hier, sich vorbehaltlos auf eine Situation einzulassen, die wir als schwierig bewerten und die dabei eventuell auftretenden Misserfolge ohne Angst vor Selbstwertverlust hinzunehmen, aber auch daraus zu lernen und ähnliche Situationen beim nächsten Mal zu bestehen.

Wir alle, auch diejenigen unter uns, die nach außen sehr kraftvoll, entschlossen und angstfrei wirken, haben in puncto Mut Luft nach oben. Mut ist nämlich etwas höchst

Persönliches. Und jede und jeder hat seine Bereiche, in denen sie oder er mutlos ist.

Übung

Machen Sie ein Gedankenspiel: Angenommen ich wäre mutiger, dann würde ich …

Eine erste kleine Übung zur Selbstermutigung. Oder vielleicht auch eine erste kleine Mutprobe. Auf jeden Fall wirkt sich das Gedankenspiel aus, ganz gleich, welche Ideen Sie dabei entfalten. Denken Sie an die selbsterfüllende Prophezeiung: Unsere Gedanken, insbesondere unsere Bewertung einer Situation, erzeugen Gefühle und diese wiederum wirken sich auf unser Verhalten aus.

Nehmen Sie, wenn Sie mögen, folgenden Text hinzu:

»Die aber auf den Herrn hoffen, empfangen neue Kraft, wie Adlern wachsen ihnen Flügel. Sie laufen und werden nicht müde, sie gehen und werden nicht matt« (Jesaja 40,31).

Den inneren Kritiker zähmen

Selbstwert steht mit Selbstbewusstsein in Verbindung. Ich bin mir bewusst, welche Stärken und Schwächen ich habe. Mit Selbstbewusstsein wird mein Selbstwert auch angesichts meiner Schwächen nicht infrage gestellt. Das hilft mir, mutig zu sein. Biblisch ist das sehr klar: Gott bleibt uns auch angesichts größter Schwächen und Verfehlungen zugewandt, »weil du in meinen Augen teuer und wertvoll bist und weil ich dich liebe ...« (Jesaja 43,4). Angesichts dieser Bindung können wir etwas riskieren. Aber halten wir diese Zuwendung wirklich auch für wahr? Sind wir nicht oft entmutigt, weil wir täglich ganz anderes erleben?

Im Alltag stehen häufig Defizite im Vordergrund. Weniger religiös, sondern vor allem säkular muss allseits optimiert werden. Tausende von Titel in der Ratgeberliteratur repräsentieren den Anspruch, perfekt zu sein. Perfektionismus ist am Ende immer unmenschlich. Wir kommen nie an ein Ziel. Wir bleiben immer in einer Mangelsituation zurück und in der eigenen »Schuld«, dem Anspruch nicht zu genügen, uns nicht ausreichend angestrengt zu haben. Perfektionismus kennt kein Pardon und erzeugt Dauerstress und Entmutigung.

Unser Glaube und unsere Kirche haben hier viel Gutes zu sagen. Nämlich, dass wir angenommen sind, auch im Defizit, auch im Scheitern. Mit allem, was uns ausmacht. Dies gilt ebenso für die Zukunft, wenn wir vielleicht etwas Mutiges angehen wollen und befürchten, dass das Resultat dem Gewünschten nicht entspricht.

So hoffen wir heute vor allem und zurecht auf den liebenden Gott. Aus der Drohbotschaft ist längst wieder eine Frohbotschaft geworden. Manchmal allerdings auch im übersteigerten Sinn: Das Pendel schwingt ins andere Extrem, wenn Sicherheit und Harmonie zum Maß aller Dinge werden. Unterschiede werden kaum ausgehalten, Andersartigkeit nicht akzeptiert, es wird langweilig, Misstrauen entsteht, Vertrauen geht verloren. Der Neutestamentler Gerhard Lohfink schreibt deshalb gegen die »Verharmlosung Jesu« an und möchte dessen Radikalität im Kontext der jüdischen Tradition im Bewusstsein halten. Zum Beispiel mit seiner Forderung nach Feindesliebe, mit seinem Entwurf einer neuen Gesellschaft in der Bergpredigt, mit seiner kompromisslosen Zuwendung zu den Ausgegrenzten, mit seinem Weg der Aufrichtigkeit, der ihn schließlich ans Kreuz brachte. Eine Radikalität, an der man sich reibt und die anstößig ist. Aber es ist auch eine Ermutigung, da Gott es ist, der hier zumutet und zutraut.

Wenn Kirche sich an der Basis vor allem als »Harmoniemilieu« entfaltet, findet subtil eine Entmutigung statt. Denn Selbstwert lebt von Erfahrungen wie Wirksamkeit und Wachstum: Ich muss spüren, was ich tue. Ich brauche Feedback, positives wie negatives. Ich muss Neues erfahren – mit allem Risiko, aber vor allem immer mit der Chance, mich zu entwickeln. Übersteigertes Harmoniestreben dagegen begrenzt die Erfahrung des Neuen und damit des eigenen Wachstums: Feedback ist oft weniger ehrlich, man riskiert nichts, lässt sich nicht auf anderes ein. Es entstehen Gruppennormen, in denen Konflikte vermieden oder vertuscht werden. Da Mut aber Konflikte und Reibungen riskiert und herausfordert, ist dieser kaum Gegenstand des Wertekodexes innerhalb einer solchen Gruppe. Vermutlich müssen wir konstatieren, dass Streitkultur und Konfliktaustragung nicht zu unseren Stärken als Kirche gehören.

Wie kommen wir also aus der Falle der übersteigerten Defizitorientierung einerseits und dem Kuschelkurs andererseits heraus? Indem wir in gelassener Weise unsere Stärken betrachten. Oft sind dies Fähigkeiten, an denen wir »drangeblieben« sind. Und unsere Schwächen sind Felder, die wir früh aufgegeben haben und infolgedessen auch nicht trainiert haben. Von den Gebieten, auf denen wir glauben, nicht gut zu sein, halten wir uns fern. Dieser Teilrückzug erspart uns Erwachsenen einen großen Teil an Verunsicherung, denen Kinder und Jugendliche im Lauf ihrer Entwicklung immer wieder ausgesetzt sind. Sie müssen ihre Stärken und Schwächen erst noch erkunden. Als Erwachsene erleben wir deshalb tendenziell weniger Niederlagen und können selbstbewusster durchs Leben gehen. Dieses Eis ist jedoch sehr dünn, denn wenn wir aufgefordert werden, das Gewohnte zu verlassen und uns in neue Gebiete zu begeben, reagieren wir oft mit Erschrecken und Rückzug. So groß ist unsere Souveränität als Erwachsene offenbar doch nicht. Gerne bleiben wir im Futteral unseres heimlichen Minderwertigkeitsgefühls.

Allzu häufig verwechseln wir die Grenzen unseres Mutes aber auch mit den Grenzen unserer Möglichkeiten. Unser fragiles Ego zieht dann die Grenze für das, was geht, viel zu früh. Dabei sehen wir den limitierenden Faktor in der Realität und denken, »das geht nicht« oder »das ist zu riskant« – und übersehen dabei, dass dies unsere Interpretation von Realität ist, die auch anders sein könnte. Ein bewusst veränderter Blickwinkel kann hier helfen: Wenn wir über uns selbst nachdenken, könnten wir uns zum Beispiel überlegen, welche Eigenschaften, die wir uns als Schwächen zuschreiben, in bestimmten Kontexten eine tatsächliche Stärke sind. Fehlerintoleranz, eine gewisse »Strenge« kann beispielsweise in einem Team zu schlechter Stimmung führen, ist aber auch ein Ausdruck von Konsequenz. Mangelnde Empathie macht es uns und anderen bestimmt oft schwer, in Kontakt zu sein, kann aber die Fähigkeit unterstützen, klar und direkt zu sprechen.

Bei all dem ist die Frage grundlegend, wem wir eigentlich erlauben, unseren Wert zu bestimmen. Wir sollten dies nicht anderen Menschen überlassen. Schauen wir auf uns selbst, so, wie Gott uns schuf und wollte, »weil er uns zuerst geliebt hat« (1 Johannes 4,19). Erforschen wir, wie Gott uns sieht, und fokussieren wir dabei das, was es uns leicht macht, uns angenommen zu fühlen. Seien wir hierbei ganz kindlich: Wenn uns zum Beispiel ein »Ich kann das nicht!« herunterziehen will, dann suchen wir stattdessen entspannt danach, was wir in der jeweiligen Situation denn (tun) können. »Was immer wahrhaft, edel, recht, was lauter, liebenswert, ansprechend ist, was Tugend heißt und lobenswert ist, darauf seid bedacht!« (Philipper 4,8).

Das Dynamische in uns

Einen wichtigen Hinweis zum Umgang mit Erfolgen und Niederlagen verdanken wir Carol Dweck (vgl. ihr Buch »Selbstbild«). Sie unterscheidet »statische« von »dynamischen« Selbstbildern. Wenn wir beispielsweise glauben, dass unsere Eigenschaften in Stein gemeißelt sind, dann verfügen wir über ein statisches Selbstbild. Ein dynamisches Selbstbild bedeutet demgegenüber, dass wir uns als Persönlichkeit entwickeln können. Eingeprägt werden diese Selbstbilder uns zum Beispiel durch schulische Erfahrungen. Wenn uns Begabungen zugesprochen werden (»Du bist gut im Rechnen, aber nicht so gut in Sprachen«), unterstützt das ein statisches Selbstbild. Unbewusst neigen wir dann dazu, diese Selbstbilder immer wieder zu beweisen, das heißt, sich im Sinn dieser Eigenschaften zu verhalten. Intuitiv sind wir motivierter, das Rechnen zu lernen (welches uns Erfolge und damit gute Gefühle bereitet) als die Sprachen (da wir darin vermeintlich nicht so gut sind).

Im statischen Selbstbild werden Erfolg und Niederlagen mit der ganzen Persönlichkeit in Verbindung gebracht. Paradoxerweise kann dies dazu führen, dass Kinder, denen eine herausragende Begabung in einem bestimmten Themenfeld zugesprochen wurde, beispielsweise dem Schachspielen, besondere Versagensängste in Bezug auf genau diese Begabung entwickeln. Eine Niederlage im Schach würde in unserem Beispiel die ganze Begabung und letztlich die Persönlichkeit infrage stellen. Die äußere Zuschreibung von Begabungen und die Einschätzung von Persönlichkeiten (»Du bist so oder so«) bringen somit die Gefahr einer Festschreibung mit sich, die sowohl im positiven als auch im negativen Fall maximal entmutigt.

Der Glaube hingegen, dass wir bestimmte Fähigkeiten weiterentwickeln können, also das dynamische Selbstbild, weckt in uns die Lernbegeisterung und den Mut, Neues zu wagen. Warum sollen wir unsere Schwächen verbergen, wenn wir sie überwinden können? Warum sollen wir uns nur mit Freunden und Partnern umgeben, die uns immer wieder bestätigen, statt mit Menschen, die uns anspornen, uns weiterzuentwickeln? Warum immer nur die ausgetretenen Pfade gehen, statt solche, auf denen wir unsere Grenzen überwinden? Die Leidenschaft, Grenzen zu überwinden, auch dann noch, wenn nicht alles nach Plan läuft, ist das Zeichen eines dynamischen Selbstbildes. Diese Grundeinstellung ermöglicht es Menschen, sich gerade dann weiterzuentwickeln, wenn sie vor großen Herausforderungen stehen.

Hier noch einige Beispiele: Schulkinder mit einem dynamischen Selbstbild melden sich auch dann, wenn sie etwas nicht genau wissen. Sie vertrauen darauf, dass der Lehrer ihnen die richtige Antwort sagen wird und sie dadurch etwas lernen können. Mitarbeiter mit einem dynamischen Selbstbild gehen sehr anspruchsvolle Projekte an, auch wenn sie nicht sicher sind, dass sie damit Erfolg haben werden. Sie vertrauen darauf, dass sie sich durch die Erfahrung weiterentwickeln können und ihre Fähigkeiten erweitern. Führungskräfte mit einem dynamischen Selbstbild stecken ihre Mitarbeiter nicht in Schubladen, sondern sind zu einer »Diagnose« des aktuellen Ist-Zustandes fähig. Sie geben Feedback und vertrauen darauf, dass der Mitarbeiter dieses nutzt, um sich weiterzuentwickeln.

Das Denken über Schwächen und Talente sollte also immer dynamisch gestaltet werden. Dass wir dynamisch sind, ist ein Glaubenssatz, der unsere Entwicklung und auch unseren Mut positiv beeinflusst. Die Reflexion von Stärken ist also ein »situativer Befund«, der sich über die Zeit entwickelt und verändert. Gelingt es uns, unsere Stärken mit einer konkreten Situation, der wir uns stellen möchten, in Deckung zu bringen, resultiert daraus nicht nur eine hohe Eigenmotivation, sondern auch eine hohe Leistungskraft.

Natürlich müssen wir Schwächen, die in hohem Maß für die Aufgabe relevant sind, reflektieren und gegebenenfalls bearbeiten. Sowohl bei Stärken als auch bei Schwächen geht es um die Bereiche Wissen (zum Beispiel fachliche Kenntnisse), Können (zum Beispiel über viele Jahre eingeübte Routinen), die richtige Haltung (zum Beispiel unsere inneren Dialoge) und Talente (unsere Grunddisposition, wie wir sie als Kind Gottes erhalten haben). So erwirbt beispielsweise ein Chirurg im Rahmen seiner universitären Ausbildung viel medizinisches Wissen. Um ein guter Chirurg zu sein, gilt es jedoch, Erfahrungen zu sammeln und eine große Anzahl an Operationen durchzuführen. Voraussetzungen dafür sind Haltungen wie Zielorientierung, Ehrgeiz, die Akzeptanz von Rahmenbedingungen, die Bereitschaft, komplexe Probleme zu lösen, Fleiß und so weiter. Als Grundlage dafür ist jedoch wiederum eine ausgeprägte Feinmotorik von Nöten, welche die Bedingung dafür ist, das Skalpell ruhig zu führen. Dafür kann man ein Talent besitzen. Talente sind Muster, die dabei helfen, ein Ziel zu erreichen, und die wir über verschiedene Situationen hinweg wiederholen können. Diese Muster betreffen Wahrnehmungs-, Denk- und Verhaltensmuster. So hat zum Beispiel ein guter Frisör die Fähigkeit, anhand der Gesichtsform zu erkennen, welche Frisur passend ist (Wahrnehmungsmuster). Ein kleiner Junge verfügt vielleicht über das Talent, wie ein Erwachsener und zugleich etwas »quer« zu denken, wir nennen das Humor (Denkmuster). Ein anderer hat das Talent, im hohen Maß kontaktfähig zu sein und mit jedem Menschen ins Gespräch zu kommen (Verhaltensmuster).

Übung

Reflektieren Sie Ihre Talente und/oder sprechen Sie mit einer Freundin oder einem Freund darüber. Sprechen Sie nicht über Ihre Schwächen und denken Sie auch nicht daran, sondern überlegen Sie:

Was fällt Ihnen besonders leicht?

Wo hatten Sie Ihre größten »Erfolge«?

Worauf führen Sie das zurück?

Welche Tätigkeit macht Ihnen am meisten Freude? Welche Aufgabe hat Ihnen in der letzten Woche am meisten Spaß gemacht? Worauf freuen Sie sich, wenn Sie an die nächsten Wochen denken?

Bei welcher Tätigkeit vergessen Sie die Zeit?

Was würden Sie am liebsten tun, wenn Sie es sich aussuchen könnten?

Welche Tätigkeit baut Sie auf beziehungsweise gibt Ihnen Energie?

Was würden andere Menschen sagen, wenn ich sie nach Ihren Stärken fragen würde?

Prüfen Sie, welche Gefühle sich einstellen, wenn Sie (ausschließlich!) diese Fragen reflektieren oder besprechen.

Zu wem willst du gehören?

Ob als Erwachsener oder schon als Kind: Mit der Taufe werden wir in die Kirche und die Gemeinschaft mit Gott eingegliedert. Wir feiern den »geöffneten Himmel«, so der Religionspädagoge Albert Biesinger. Gott sagt zu uns, dass wir sein geliebter Sohn, seine geliebte Tochter sind. Immer gehören wir zu ihm, in jedem Auf und Ab des Lebens. Nichts kann uns von ihm trennen. Die Taufe prägt uns als Person – untilgbar. In der Eucharistie, dem zweiten Hauptsakrament, feiern wir ebenfalls die Gemeinschaft mit Gott und miteinander. Zugehörigkeit ist also eine zentrale und grundlegende Kategorie für die Kirche. Aber auch davon unabhängig gehören wir schon als Baby zu der Gemeinschaft, in die wir hineingeboren wurden, ebenso wie ein Schüler zu seiner Klasse, eine Kollegin zu ihrem Team, der Rentner zu seiner Familie. Zugehörigkeit ist eines unserer wichtigsten Grundbedürfnisse.

Wie steht es aber um unsere Erfahrung von Zugehörigkeit? Sie ist gefühlt längst nicht so stabil, wie uns verheißen ist, und hängt ebenfalls mit unserem Selbstwert zusammen. Ein Minderwertigkeitsgefühl meint nicht nur die eigene Einschätzung, etwas nicht zu können. Es beinhaltet vielmehr den Eindruck, so, wie man ist, nicht in Ordnung und schlechter zu sein als andere. Und damit auch nicht richtig dazuzugehören. Zwar ist klar, dass wir nicht alles können können. So stören wir uns zumeist nicht daran, wenn wir nicht Gälisch sprechen oder Free-Climbing praktizieren. Vielmehr ist es der Nahbereich, der direkte Vergleich mit anderen Menschen, der uns auf Distanz bringt, uns neidisch macht und die Erfahrung von Verbundenheit stört. Wenn wir das Gefühl haben, nicht dazuzugehören, fühlen wir uns nicht nur schlecht, sondern oft auch dumm. Das ist entmutigend. Wenn wir uns dagegen als Teil einer Gemeinschaft wahrnehmen, sind wir entspannt, kommunikativ und oft auch mutiger.

Um dazuzugehören, geben wir uns von klein auf besonders große Mühe. So sind Kinder besonders brav – oder spielen den Klassenclown, um das zu erreichen. Unser Traum ist eine Gleichwertigkeit in der Gemeinschaft. Gleichwertigkeit bedeutet nicht Gleichheit, sondern dass jeder das Recht hat, mit Respekt und Achtung behandelt und nicht ausgegrenzt zu werden. Das Problem: Wenn man das Gefühl hat, dass einem Anerkennung und Zugehörigkeit nicht zugesprochen werden, ist man schnell dabei, diese einzufordern. Wenn man Zugehörigkeit und Anerkennung aber anklagend beziehungsweise als »Recht« einfordert, entkommt man nicht den Gedanken der Distanz und des Eigennutzes, vor allem aus Sicht der Gegenüber. Das eigene »Ich« und nicht das gemeinschaftliche »Wir« steht dann im Vordergrund. Erfahrbar ist dies zum Beispiel (ohne verallgemeinern zu wollen) in manchen akademischen Zirkeln. Wer das Bildungsspiel nicht ausreichend eingeübt hat und dies durch Sprachstile, Nichtwissen, Körpersprache oder Kleidung vermittelt, bekommt schon mal (durchaus kultiviert diskretes) Feedback, gerne durch körpersprachliche Abwendung. Denn nach dem Autor Dietrich Schwanitz ist Bildung »die Fähigkeit, bei der Konversation mit kultivierten Leuten mitzuhalten, ohne unangenehm aufzufallen«. Hier Zugehörigkeit einzufordern, würde die Abgrenzung noch vertiefen. Ein Dilemma. Ähnliches kann einem durchaus in innerkirchlichen

Zirkeln passieren, die ihre eigenen Gepflogenheiten kultivieren und dadurch gleichzeitig externe Abgrenzung und interne Verbundenheit sicherstellen. Verbundenheit wird dann zum marktförmigen »Tauschgeschäft«, bei dem sich Parteien explizit oder implizit darüber einigen, was in beide Richtungen fließen soll: Anerkennung ebenso wie Güter und bestimmte Beiträge. In unserem »Club der Gebildeten« wäre das der Austausch von Wissen, und zwar unter Einhaltung der dort geltenden Spielregeln. Gemeinschaft als Resultat aus der Summe solcher Einzelegoismen schmeckt aber nicht nur schal, sondern entspricht auch nicht der biblischen Botschaft.

Biblisch entsteht Gemeinschaft nicht über ein Tauschgeschäft, sondern als »Gabe«: »In allem habe ich euch gezeigt, dass man sich auf diese Weise abmühen und sich der Schwachen annehmen soll, in Erinnerung an die Worte Jesu, des Herrn, der selbst gesagt hat: Geben ist seliger als Nehmen« (Apostelgeschichte 20,35). Der Soziologe Alain Caillé hat darauf aufmerksam gemacht, dass eine Gabe keine Tauscherwartung nach sich zieht, aber durchaus den Wunsch, eine soziale Beziehung aufzubauen. Im Gegensatz zum Tausch weiß man nicht, ob das Geben erwidert wird. Wenn ich keine Resonanz auf meine Gabe erhalte und daraus eine Ausgrenzung ableiten würde, zum Beispiel indem ich beleidigt wäre, würde aus der Gabe ein (misslungener) Tausch. Gaben entsprechen nicht der Norm. Sie beinhalten einen Überschuss an Spontaneität und Zugewandtheit. Sie sind Selbstzweck und erzeugen im Idealfall Begegnung.

Ob eine Gabe eine Gabe ist, entscheidet der Empfänger, die Empfängerin. Nur wenn es für die Gabe Anerkennung und

Zugewandtheit gibt, wird sie zur Gabe. Andernfalls läuft sie ins Leere. Erwarten und erzeugen kann ich sie kaum. So entstehen Beziehungsangebote für Beziehungsgeflechte, die unseren Selbstwert, aber nicht den Selbstwert der Überlegenheit fördern. Es geht nicht um das auch in der Kirche oft anzutreffende Helfen von oben herab. Und auch nicht darum, sich am eigenen Gutsein zu weiden. Schon gar nicht geht es um einen wie auch immer gearteten Bonus im Himmel. Vielmehr um ein Ereignis, eine Einseitigkeit und die sich dabei ergebende spannende Leerstelle. Genau hier beginnt der Mut: Angebote auf unerforschtem Terrain zu machen. Gemeinschaftsangebote, Angebote für die Erfahrung von Zugehörigkeit. Vielleicht, aber nicht sicher, gibt es Antwort. Identitäts- oder Glaubenskategorien spielen dabei keine Rolle: »Nehmt den an, der im Glauben schwach ist, ohne mit ihm über verschiedene Auffassungen zu streiten! Der eine glaubt, alles essen zu dürfen, der Schwache aber isst nur Gemüse. Wer Fleisch isst, verachte den nicht, der es nicht isst; wer aber kein Fleisch isst, richte den nicht, der es isst. Denn Gott hat ihn angenommen. Wer bist du, dass du den Diener eines anderen richtest? Durch seinen eigenen Herrn steht oder fällt er. Er wird aber stehen; denn der Herr hat die Macht, ihm Stand zu geben« (Apostelgeschichte 14,1–4).

Fragen zu Selbstreflexion

Was fühle ich, wenn ich anderen helfe?

Kann ich beim Geben frei von Erwartungen Freude empfinden? Oder hängt das von bestimmten Situationen ab?

Kann ich einschätzen, was einem anderen hilft?

In welchen Momenten gebe ich, ohne dabei unmittelbar eigennützig zu sein?

Welches Beispiel für eine überraschende Gabe fällt mir ein, die dem anderen geholfen hat?

Welche Erfahrungen von Resonanz mit anderen habe ich gemacht? Wie habe ich diese empfunden?

Entscheiden lässt mich wachsen

Entschiedenheit im Glauben ist eine schwierige Sache, schon weil der Gegenstand unseres Glaubens vage bleibt. Oft erfahren oder spüren wir nichts. Vielleicht blicken wir manchmal etwas neidisch auf jene, die ihre Begegnung mit Gott euphorisch erleben. Gott bleibt ambivalent: Ob es ihn gibt, ist die eine Frage, wie er wirkt, eine andere. Dass der Glaube an ihn wirkt, ist Fakt. Dabei bleibt stets eine Spannung. »Mysterium tremendum et fascinans« hat Rudolf Otto das im frühen 20. Jahrhundert genannt: Sich mit Gott zu beschäftigen, ist anziehend und abschreckend, fesselnd und bedrohlich. Leider findet sich eine solche Intensität in der Sprache der Kirche nur noch selten. So, wie sie sich in der Breite aktuell darstellt – in den Medien aber auch in den Predigten im Gottesdienst –, ist es nicht leicht, Anregungen für die eigene Entschiedenheit im Glauben zu finden. Vielleicht geht es auch nicht so sehr um die Entschiedenheit im Glauben an sich – er bleibt schließlich ein

»Mysterium« und ein ständiger Suchprozess. Aber: Es geht immer wieder um Entscheidungen.

Zunächst einmal grundsätzlich: Mit dem Verschwinden der Kirche als Volkskirche ist der gesellschaftliche Druck verschwunden, sich religiös zu zeigen. Religion ist zur Wahl, zur Entscheidungssache geworden. Damit haben wir Freiheit gewonnen, aber auch die Notwendigkeit, uns bewusst zu verhalten. Auch die oft gelebte Indifferenz gegenüber der Religion ist schon eine Entscheidung. Noch größer und gewichtiger ist aber die Entscheidung, den Glauben aktiv und sichtbar zu leben. Dazu braucht man Mut. Und das berührt unser Bedürfnis und unser Streben nach Autonomie.

Der Begriff »Autonomie« kommt aus dem Altgriechischen und bedeutet »Eigengesetzlichkeit« beziehungsweise »Eigenverantwortlichkeit«. Dem gegenüber steht die Heteronomie (die »Fremdgesetzlichkeit« beziehungsweise »Fremdbestimmtheit«, das heißt die Abhängigkeit von fremden Einflüssen). Die »Eigengesetzlichkeit« bestimmt die Selbstbestimmung und damit das Freiheitsverständnis des Menschen. Verbunden damit sind Unabhängigkeit, Entscheidungs- und Handlungsfreiheit. Wir fühlen uns als Wesen, die in Freiheit entscheiden und handeln können und die somit auch in der Lage sind, das zu tun, was sie für richtig halten. Mit dieser Frage werden wir insbesondere dann konfrontiert, wenn es gilt, unsere »Komfortzone«, das Gewohnte, zu verlassen. Wenn wir es tun, soll dies eine aktive Entscheidung sein.

Autonomie gehört zu den Grundbedürfnissen des Menschen. Dabei geht es um das Streben nach einer Selbststeuerung des eigenen Handelns in Übereinstimmung mit den eigenen Werten. Ein Verhalten, das fremd reguliert ist, ist im Vergleich zu einem autonom gesteuerten Handeln weniger effizient sowie von weniger Durchhaltevermögen und durch weniger Wohlbefinden gekennzeichnet. Autonomie ist das zentrale Fundament für ein als gelungen empfundenes Leben.

Zwar gehen wir in unseren westlichen Gesellschaften im Wesentlichen davon aus, autonom zu sein, das Recht und die Fähigkeit zu haben, entscheiden zu können. Gleichzeitig erfahren wir uns aber alltäglich bei Weitem nicht immer als selbstbestimmt. Ständig sind wir Ereignissen ausgesetzt, mit denen wir so nicht gerechnet haben und die unseren persönlichen Erwartungen und Bedürfnissen zuwiderlaufen. Zudem spüren wir Verpflichtungen und eigene Unzulänglichkeiten, sodass wir uns manches einfach nicht zutrauen: familiäre Aspekte, Ereignisse im Beruf, die eigene Persönlichkeit, Gesundheit ... Es ist wie das Laufen im hüfthohen Wasser: anstrengend, zäh und dennoch kann man vorankommen.

Gerade die Corona-Pandemie hat uns vor Augen geführt, wie umfassend und plötzlich der Spielraum einer ganzen Gesellschaft begrenzt werden kann. Aber auch hier gibt es Entscheidungsmöglichkeiten. Solange wir bei Bewusstsein sind, können wir immer irgendeine Entscheidung treffen. Anders gesagt: Auch wenn wir uns nicht schnell bewegen können, ist es doch möglich, aus eigener Entscheidung heraus eine Richtung einzuschlagen und so sukzessive Fortschritte zu machen. Die aktuellen Kontexte legen meine Entscheidung nicht fest. Es ist schwer, aber nicht unmöglich, sich von diesen Kontexten zu distanzieren und sich bewusst zu entscheiden. Eine Krise wie die Corona-Pandemie konfrontiert mich zum Beispiel mit der Entscheidung, mich an die Sicherheitsregeln zu halten oder nicht – mit jeweils unterschiedlichen Risiken für mich und meine Umwelt. Die Intensität, mit der solche Entscheidungen diskutiert werden, deutet darauf hin, dass sie etwas mit unserer Identität zu tun haben, mit unseren Werten, Motiven, Bedürfnissen und unserem Selbstverständnis. Sie stehen im Dialog mit unserem jeweiligen Kontext, der durchaus wechseln kann. Durch diese »Reibung« entwickelt sich unsere Identität.

Selbstverständlich müssen wir nicht in jedem Moment unseres Daseins Autonomie beanspruchen, um ein autonomes Leben führen zu können. Wir können auch einfach unseren Gewohnheiten folgen oder Dinge einfach tun, ohne bewussten Entscheidungsprozess – zum Beispiel, indem wir uns an Verkehrsregeln halten. Wenn sich aber im Kontext meines Lebens, in Beruf, Familie und anderen Zusammenhängen, meine Identität auf Dauer nicht entfalten kann, komme ich in eine prekäre und langfristig krankmachende Situation. Ausbrennen beziehungsweise Demotivation können die Folge sein. Gerade dann sollte ich eine Entscheidung treffen, die mir neue Entfaltungsmöglichkeiten eröffnet.

Die Möglichkeit, überhaupt zu entscheiden, ist ein wesentlicher Aspekt von Autonomie. Der Prozess dahinter lässt sich als innerer Dialog beschreiben, bei dem wir das Für und Wider, die Vor- und Nachteile verschiedener Optionen abwägen. Jede Entscheidung hat ihren Preis. Und: Jede Option bewerten wir von unserer Identität her. Wäre dem nicht so, handelte es sich um keine echte Option, deren Wahl wir überhaupt in Betracht ziehen würden. Gelingt es uns, im Rahmen der Reflexion Kontakt mit unseren persönlichen Werten herzustellen und entsprechend zu priorisieren beziehungsweise eine Entscheidung zu treffen, handeln wir nicht nur autonom, sondern auch authentisch. Dabei geht es nicht darum, immer zu einhundert Prozent im Einklang mit uns selbst zu sein – was viele Motivationsratgeber als Anspruch formulieren, die Realität des Lebens aber ausblendet und als perfektionistische Idee unrealistisch und damit druckerzeugend ist. Auf das ganze Leben gesehen, darf aber die Verbindung mit der eigenen Person nicht fehlen. Autonomie besagt, dass es tatsächlich mein Wunsch, mein innerer Grund sein muss, für den ich mich entscheide. Somit können wir mit Beate Rössler sagen, »dass eine Handlung autonom ist, wenn die handelnde Person über ihre (häufig konfligierenden) Wünsche, Motive, Überzeugungen, Gefühle nachgedacht und ihre Entscheidungen aus eigenen Gründen getroffen hat« (Beate Rössler, Autonomie, 2017, S. 63).

Dabei ist nicht davon auszugehen, dass die handelnde Person frei von Ambivalenzen ist. Im Gegenteil: Wir sind alle mit unterschiedlichen Identitätskonflikten konfrontiert, die Ausdruck der Komplexität unseres Selbst sind. Diese werden dann besonders spürbar, wenn wir das Gefühl haben, eine Entscheidung treffen zu müssen, uns aber kaum in der Lage sehen, zwischen verschiedenen Handlungsoptionen zu entscheiden. Was will ich? Was ist mir wichtiger? Was ist richtig für mich? Die Ambivalenz ist dann erfasst, wenn man gute Gründe für beide Handlungsmöglichkeiten benennen kann und somit auch gute Gründe dafür hat, keine der Handlungsoptionen zu verwerfen.

Diese Ambivalenz kann mich lähmen. Sie kann mich aber auch beflügeln, beispielsweise, indem ich:

> die Wünsche in die für mich richtige Priorisierung bringe;

> die Optionen so miteinander verbinde, dass eine noch bessere Lösung entsteht;

> meine Wünsche anpasse;

> meine Wünsche so in Teilaspekte aufteile, dass sie stimmig werden;

> ich Kompromisse eingehe;

> einen der Wünsche abweise (was aber auch bedeutet, einen wichtigen Teil der eigenen Persönlichkeit abzuweisen);

> ich mich auf die Ambivalenzen so einlasse, dass ich sie als Lernchance betrachten kann.

Ambivalenz schließt nicht aus, dass wir uns doch entscheiden, die Ambivalenz aber weiterhin spüren. Haben wir uns entschieden, können wir trotzdem die guten Argumente für die verworfene Option akzeptieren, ohne immer wieder aufs Neue ins Schwanken zu geraten. So bedeutet Autonomie den Umgang mit Ambivalenzen und ist dadurch ein Antrieb für die persönliche Entwicklung. Ein spannungsloser Umgang mit Entscheidungsprozessen beziehungsweise eine Unabhängigkeit von der eigenen Persönlichkeit hingegen wären kein Antrieb zur Persönlichkeitsentwicklung. Deshalb wirken auch Menschen, die ohne jede Spannung und Ambivalenz sehr entschieden auftreten, nicht wirklich authentisch und überzeugend. Vielmehr ist es wichtig, den Zusammenhang zwischen Autonomie und einem als sinnvoll erlebten Leben zu sehen – mit all seinen Facetten und Widersprüchen. Wir können ein sinnvolles Leben nur dann führen, wenn es unser eigenes Leben ist, das heißt, wenn wir das, was wir realisieren, selbst entschieden haben. Auch durch fürsorgliche Bemühungen anderer kann mein Leben dann kein gutes Leben werden, wenn es nicht meinen eigenen Überzeugungen entspricht.

Dabei ist es kurzsichtig, den Umgang mit Ambivalenzen nur im Kontext von Eigeninteressen zu sehen. Die Gründe für oder gegen eine Entscheidung stehen immer in einem Netzwerk, einem Kontext von Gründen ebenso wie von Kulturen, sozialen Verbindungen und Unternehmen. In diesem Netzwerk ist einerseits der Einzelne gefragt. Beate Rössler weist darauf hin, dass dabei auch bestimmte Tugenden erforderlich sind: Selbstkritik, also die Bereitschaft, das eigene Denken und Handeln infrage zu stellen; Mut im Sinne des eigenen Selbstverständnisses, mit Widerständen umzugehen und beispielsweise zu widersprechen; ebenso Selbstdisziplin, die eigene Entscheidung durchzuhalten. Über die Zeit wird so eine gewisse Einheit der Person für sich selbst, aber auch für andere erfahrbar. Gelegentlich muss man sich anstrengen, um autonom zu sein. Autonomie kann man lernen und entwickeln. Andererseits ist auch die kulturelle Wirklichkeit anzufragen: Inwieweit fördert sie die genannten Tugenden? Welche Werte werden propagiert? Werden Ambivalenzen als leistungshinderlich und als Schwäche abgetan oder als Ausdruck von Authentizität und Integrität gewürdigt? Wird Zeit zur Entscheidungsfindung gegeben? Werden vor allem Vorgaben gemacht oder besteht eine Möglichkeit echter Partizipation, im Unternehmen zum Beispiel in Zielvereinbarungsprozessen? Herrscht eine Dialogkultur oder eine Anweisungskultur vor? Im Dialog mit anderen wird häufig erst klar, wie man leben und arbeiten möchte. Selbstkritik heißt hier, die Perspektive des anderen wirklich ernst zu nehmen, Mut, auch dem anderen echte Wahlmöglichkeiten einzuräumen, und Selbstdisziplin, sich auf Neues einzulassen, es umzusetzen und darin eine Chance für das eigene Wachstum zu sehen. Selbstbestimmung wird so zum Gegenteil von sozialer Vereinzelung. Sie ist eingebunden in einen sozialen Gesamtzusammenhang.

Berührend ist in diesem Zusammenhang der innere Dialog, den Menschen im Hinblick auf ihr Engagement in der Kirche beziehungsweise auf ihre Zugehörigkeit führen. Dazu zwei Beispiele: Jutta war viele Jahre in ihrer Gemeinde als Kommunionhelferin, Lektorin und Kantorin im Einsatz. Darüber hinaus engagierte sie sich für Maria 2.0. Jetzt ist sie nach langem Ringen schließlich aus der Kirche ausgetreten. »In den letzten Jahren habe ich mich intensiv mit dem Umgang der Kirche mit sexualisierter Gewalt und der Rolle von Frauen auseinandergesetzt. Schritt für Schritt wurde mir klar, dass ich unter diesen Bedingungen nicht mehr vorne im Altarraum stehen kann. Denn wenn ich das tue, zeige ich mich als Teil eines Systems dessen offizielle Repräsentanten für mich zum großen Teil inakzeptabel sind. Das konnte ich immer weniger mittragen. Zwischendurch habe ich das Gespräch mit einem Seelsorger gesucht. Er konnte mir helfen und mich ein wenig mit der Situation versöhnen. Meine Dienste, die ich inzwischen hatte ruhen lassen, habe ich dadurch wieder aufnehmen können. Ein Versuch. Aber dann habe ich gemerkt: Ich bin nicht authentisch, wenn ich das weiterhin tue. Es entspricht nicht mehr meiner Identität. Und so bin ich ausgetreten. Das war ein langer Prozess. Vor 25 Jahren habe ich schon an einer Unterschriftenaktion von »Wir sind Kirche« teilgenommen. Wichtig ist mir: Mit meinem Glauben hat das nichts zu tun. Ich habe nach wie vor eine große Sehnsucht nach Gott und gehe deswegen auch weiterhin in den Gottesdienst, bereite Wortgottesdienste vor und bringe mich bei Maria 2.0 ein. Ich gehe davon aus, dass man mich trotzdem dabeihaben will.«

Für Bettina, die ursprünglich evangelisch war, gab es über viele Jahre in ihrem Leben keinen Gott. Dann setzte sie sich mit dem Glauben auseinander und trat in die katholische Kirche ein: »Im Rahmen meines atheistischen Glaubens begann ich mir Fragen zu stellen wie: Wie ist die Kirche entstanden, warum machen Menschen das? Plötzlich hatte ich wieder ein Interesse an Religion. Ich begann meine Suche mit Menschen, die in der Kirche aktiv sind. Gemeindemitglieder, Kirchliche Mitarbeiterinnen, Menschen in Orden, Priester ... Einige meiner Vorurteile haben sich aufgelöst, weil ich gemerkt habe, dass es so viele engagierte Menschen mit gesundem Menschenverstand gibt, die in der Kirche sind, klug aber auch kritisch. Eine persönliche Krisenzeit durch Krankheit und Tod in meiner Familie kam dazu. Wichtig war, dass meine skeptisch-atheistische Haltung akzeptiert wurde und ich nie das Gefühl hatte, vereinnahmt zu werden. Ich war frei, meinen eigenen Zugang zu suchen. So hat sich das entwickelt. Nach wie vor wehre ich mich gegen die Anforderungen des Katechismus. Für mich wichtige Menschen haben mir jedoch vermittelt, dass ich nicht alles glauben müsse, was da drinsteht. Ich habe nicht um Erlaubnis gefragt, habe aber für mich geklärt, ob ich mit meinen Ansichten ›katholisch werden‹ kann. Irgendwann war klar: Ja, ich kann! Für mich ist die Zugehörigkeit zur Kirche kein lockeres Experiment. Ich binde mich gerne. Aber ich nehme mir auch heraus, wieder zu gehen, wenn es nicht mehr passt.«

Die Kirche liefert uns das Rohmaterial für unsere Entscheidung. Mutig oder entmutigt zu sein, hängt davon ab, wie wir uns diesem Rohmaterial stellen und in vielschichtigen Situationen entscheiden. Dabei sind immer auch Ambivalenzen und Widersprüchlichkeiten auszuhalten. Es ist eine Vielstimmigkeit, die uns im Prozess der Entscheidung begleitet. Tun oder lassen? Kann ich das? Will ich das? Was hat es für Vor- und Nachteile für mich? Was sind meine Werte? Letztlich müssen wir diese Fragen mit uns selbst (autonom) ausmachen. Jede Entscheidung bringt neue Ambivalenzen. Aber sie bringt uns weiter.

Raus aus der Selbstsabotage

Eine einfache Möglichkeit, sich diesem Entscheidungsprozess zu entziehen besteht darin, äußere Rahmenbedingungen heranzuziehen: »Ich würde ja gerne, aber es geht nicht – weil ich keine Zeit habe, andere Menschen das nicht wünschen, es Konflikte gäbe, ich sowieso dafür zu schwach bin und so weiter« Oft melden sich solch bremsende, selbstsabotierende Gedanken, wenn es gilt, Neues zu wagen. Aber letztlich ist auch das eine Entscheidung – vielleicht in diesem Fall eine Entscheidung zur Entmutigung. Hier sollte der innere Dialog ansetzen, indem ich mich frage: Mache ich mich abhängig von anderen Menschen (heteronom) oder ist es wirklich mein Wunsch, es nicht zu tun (autonom)? Jede Ermutigung ist somit Selbstermutigung, jede Entmutigung letztlich Selbstentmutigung.

Angesichts der kirchlichen Situation stehen wir manchmal wie das Kaninchen vor der Schlange: gelähmt, blockiert. Wenn wir gegenüber der Kirche nicht gleichgültig werden wollen, müssen wir uns immer wieder auf Entscheidungsprozesse einlassen. Der Blick auf unsere eigene Entscheidungsmöglichkeit – vielleicht im Gebet, der Meditation, der Kontemplation – kann uns helfen, innere Klarheit zu erhalten, die aber immer wieder neu als Ausdruck unserer Entwicklung infrage stellt wird. Gefühle sind dabei ein guter Marker. So kann ich mir überlegen: Was spüre, was denke ich dabei? Welche Motive leiten mich? Was würde die Person XY / die biblische Figur Z an meiner Stelle tun? Möchte ich eigentlich etwas anderes? Wenn ich das andere tun würde, was würde ich dann wahrnehmen (körperlich, visuell ...)? Hier ist die ganze Person gefragt, auch mit ihren Ambivalenzen. Eine Möglichkeit ist, in Gelassenheit sich selbst zu erforschen, frei nach dem Motto »Schaut so aus, als würde ich da noch eine Weile zu knobeln haben.« Empfohlen ist nur eins: im inneren Dialog nicht aufzugeben und dranzubleiben. Und warten können. Das Ergebnis wird letztlich die Intuition sein: Jetzt tue ich es – oder auch nicht. Schade ist es nur, wenn wir die Frage nach Tun oder Lassen in unserem Leben zu oft nicht klären. Dann bleiben wir unentschieden und verpassen viele Chancen auf Neues, auf Horizonterweiterung. Oder wir tun etwas, was wir eigentlich nicht tun wollen, beziehungsweise lassen etwas, was wir gerne tun würden.

Wenn innere Klarheit herrscht, ist der Betreffende in der Mutprobe auch durch unqualifizierte Bemerkungen eines anderen nicht ohne Weiteres zu entmutigen. Ist er allerdings unsicher und nicht gut mit sich selbst verbunden, lässt er sich viel leichter entmutigen.

Übung

Denken Sie an eine schwierige Entscheidung und überlegen Sie: Wenn ich mich dafür entscheide, welche Gefühle habe ich dann? Welches Bild habe ich dann von meiner Umgebung, von anderen Menschen im Kopf? Was könnte ich gewinnen? Was verlieren?

Wenn ich mich dagegen entscheide: Welche Gefühle habe ich dann? Welches Bild habe ich im Kopf? Was könnte ich gewinnen? Was verlieren?

Ich achte dich – und du mich

Vielleicht haben Sie als Autofahrerin und Autofahrer manchmal Menschen dabei, die gedanklich sehr stark mitsteuern und dies verbal auch kundtun. Sie geben Informationen zur Geschwindigkeit, zum Einordnen auf der Fahrbahn und warnen vor Gefahren. In der Regel erzeugen solche Kommentare beim Gegenüber etwas. Falls Sie eine solche Erfahrung machen würden, was würde das bei Ihnen auslösen? Bleiben Sie entspannt? Nehmen Sie es mit Humor? Ist das für Sie ein selbstverständlicher Dialog? Fühlen Sie sich provoziert?

Natürlich wird mit diesem Gedankenspiel ein Klischee bedient. Aber das gibt es auch deshalb, weil viele von uns solche Situationen kennen und emotional erleben. Wie sie genau erlebt werden, hängt von unserer Interpretation der Aussage des anderen ab. Ist sie ein Hinweis, eine Kritik oder gar ein Befehl? Wir als Empfänger der Botschaft entscheiden, was wir hören. Der Sender auf dem Beifahrersitz kann dies ein wenig durch Stimme, Wortwahl und Körpersprache beeinflussen – aber nur begrenzt. Das Problem dabei: Unser Gehirn legt uns nicht selten nahe, negative Interpretationsvarianten (Kritik, Befehl) für wahrscheinlicher zu halten als positive. Wir sind auf Kritik gepolt.

Diese Intuition übergeht aber die Chance, die die Empfängerin/der Empfänger der Botschaft am Steuer hat. Nämlich das kommunikative Spiel aktiv und konstruktiv mitzugestalten, indem man sich dafür entscheidet, das Positive aus der Botschaft herauszufiltern. Damit sollen negative Aspekte der Beziehung, der gemeinsamen Historie, der Körpersprache und so weiter nicht ausgeschlossen werden. Wir sollten nicht naiv sein. Nur führt uns die Frage, wie eine Aussage denn genau gemeint war, häufig in Konfliktlagen, Blockaden und Hemmungen, da wir den Fokus dabei zumeist auf Defizite, Schwächen usw. legen. Die damit einhergehende negative Gefühlslage strahlen wir auch aus, was wiederum eine Reaktion der anderen Person erzeugt. Eine negative Wechselwirkung wird wahrscheinlich. Minus und Minus ergibt also nicht Plus (Multiplikation), sondern verstärken sich (Addition). Das Umgekehrte gilt aber eben auch: Eine positive Ausstrahlung erntet mit höherer Wahrscheinlichkeit positive Reaktionen. Die andere Person ist entspannter und offener.

Mit Wertschätzung verbinden wir häufig das Äußern von Lob, Nettigkeiten oder auch positivem Feedback. Das Beispiel der Kommunikation im Auto soll bewusst machen, dass Wertschätzung beim Empfänger der Botschaft beginnt und vor allem eine Haltung ist und erst in zweiter Linie eine Frage der expliziten Äußerung. Die Sprache ergibt sich aus der Haltung. Gemeint ist eine wertschätzende Haltung, die durch folgende Merkmale beschrieben werden kann:

»Du bist in Ordnung.«

»Ich vertraue dir.«

»Ich sehe die positive Seite an dir.«

Diese Haltung erhöht die Wahrscheinlichkeit, dass die andere Person uns ebenfalls als wertschätzend wahrnimmt. Ebenso steigt die Wahrscheinlichkeit, dass unser Gegenüber entsprechend positive Gefühle entwickelt. Gähnen steckt bekanntlich an – wenn wir jemanden sehen, der es tut, löst das bei uns ebenfalls den Gähnreflex aus. So auch bei der vom anderen wahrgenommenen Wertschätzung: Wenn wir eine wertschätzende Ausstrahlung haben, stecken wir unser Gegenüber damit ebenfalls an.

Wertschätzung entspricht dem doppelten Liebesgebot der Bibel: »Du sollst deinen Nächsten lieben wie dich selbst« (Levitikus 19,18). Es ist der Wesenskern unseres Glaubens, anzunehmen, dass wir angenommen sind. Das gilt jeweils für uns selbst wie auch für den anderen. Aus psychologischer Sicht ist das eine der Grundlagen für die förderliche Gestaltung von Kommunikation – für die Entstehung von Beziehungen ebenso wie das Sprechen von Klartext. Wenn Mutproben an die Grenze führen, so führen sie oft auch an einen Punkt, der uns berührt. Im Miteinander können Spannungen entstehen. Die Achtung zum Gegenüber zu bewahren, ist in diesen Momenten sehr wichtig.

Biblisch sind es besonders die Propheten, die an die Grenzen gingen und den Finger in die heiklen Punkte legten. Sie stellten sich harten Konfrontationen und bewiesen dabei viel Mut, aber auch Verbundenheit. Hosea äußerte seine Kritik am Götzendienst, am König- und Priestertum, an sozialen Verfehlungen sowie an falschem Vertrauen auf Waffen. Amos thematisierte für Königtum und Volk ein Reinigungsgericht. Micha benannte soziales Fehlverhalten. Zephanja brachte den Fremdkult und die Gleichgültigkeit gegenüber Gott zur Sprache. Die Propheten sprachen Klartext. Sie bewegten sich an einer Grenze: Sie mussten mit ihren Adressaten in Kontakt bleiben, um gehört zu werden, bezogen aber auch klar und unbequem Stellung. Grenzerfahrungen gehören zu den Wesensmerkmalen von Mission und Prophetie. Für die Propheten, die in der Regel mit ihrer Rolle haderten, war das prophetische Sprechen eine gewaltige Mutprobe. Sie versuchten, von Gott her zu handeln. Sie agierten im Sinne des Wohls für die ganze Schöpfung, so wie dies von ihrem Schöpfer gewollt war. Sie brachten das Wort Gottes in eine konkrete Situation hinein und thematisierten so das Reich Gottes, die große Hoffnung für alle Menschen. Dabei suchten sie stets nach Wegen, ihre Adressaten zu erreichen. Auch wenn sie unterschiedlicher Meinung waren und diese klar artikulierten, strebten sie ebenso entschieden nach der Gemeinschaft innerhalb der göttlichen Schöpfung für alle. Was heißt das für meinen Glauben, für meine Rolle als Christ? Dass wir Spannungen aushalten. Dass wir dabei versuchen, Leichtigkeit zu empfinden und auf die Gotteskraft setzen, die alles zusammenhält. Auch dann, wenn es um Haltungen geht, die wir mit unserer eigenen nicht vereinbaren können.

Übung

Wählen Sie gedanklich eine Person, mit der Sie emotional Schwierigkeiten haben. Zeichnen Sie dann eine Tabelle mit zwei Spalten: Schreiben Sie links »+«, rechts »–«.

Streichen Sie die Spalte mit dem »–« durch. Befüllen Sie die »+«-Spalte: Stärken, Merkmale und Erfahrungen, die schön und oder hilfreich sind, was gut an dieser Person ist.

Fokussieren Sie das Positive. Blenden Sie das Negative zunächst aus. Das bedeutet nicht, dass keine Kritik mehr erlaubt ist. Die Grundlage für Kritik ist aber eine positive Haltung zum Gegenüber. Sie hilft uns, schwierige Situationen mit Mut und Leichtigkeit zu gestalten.

Spannungen machen stark

Einige der Mutproben zielen darauf ab, klar Stellung zu beziehen und sich durchaus prägnant zu positionieren. In einer pluralen Gesellschaft, wie wir sie heute haben, gilt: Wenn dies nicht aus einer Haltung der Achtung, der Leichtigkeit und der Offenheit zum anderen geschieht, wird dieser sich nicht darauf einlassen. Gemeinschaft wird dann nicht erfahrbar. Erst recht nicht, wenn wir unserem Gegenüber nicht zugestehen, dass sie oder er eine andere Meinung vertritt, einen anderen Lebensstil hat und anders handelt. Gelingt uns das von ganzem Herzen, ohne Abwertung beziehungsweise negative Wechselwirkung? Maßen wir uns nicht zu oft an, besser zu sein als der andere? Grenzen wir uns als Kirche nicht zu sehr ab? Als »In-Group« – in klarer Unterscheidung zum Rest der Gesellschaft, der »Out-Group«? Gehen wir nicht zu schnell in einen Bewertungs- statt in einen Wahrnehmungsmodus?

Stattdessen wäre die Haltung angebracht: Erwarten wir nichts. Gott wird das Seine tun. Seien wir offen und interessiert für das, was sich ereignet. Vorurteilslos. Empfangen wir. Wenn wir nur kritisch sind, halten wir den Mund. Die Bereitschaft, das, was sich ereignet, einfach zu empfangen, fördert beim anderen die Bereitschaft, im Miteinander zu sein. Gemeinsame Blickwinkel und Intentionen können entstehen. Die Relativität des eigenen Standpunktes im Bewusstsein zu haben, verhindert die Illusion, damit der Mittelpunkt zu sein und die alleinige Wahrheit zu besitzen. Beides, der klare Standpunkt wie das Bewusstsein der Relativität, ermöglicht eine Pluralität ohne Beliebigkeit. So wird die eschatologische Dimension der sogenannten »coincidentia oppositorum«, dem »Zusammenfall der Gegensätze«, erfahrbar. Also die Hoffnung, dass im unendlichen Gott alle Gegensätze wieder zusammenkommen.

In der Psychologie werden solche Spannungen als »Ambiguitätstoleranz« bezeichnet: Unter diesem Fachbegriff versteht man die Fähigkeit, Widersprüche zu ertragen und gegensätzliche Erfahrungen beziehungsweise mehrdeutige Situationen konstruktiv zu gestalten. Damit ist keine Beliebigkeit gemeint und auch keine Form der Abspaltung, wenn etwa manche Theologiestudenten die Erkenntnisse der theologischen Wissenschaft vom persönlichen Glauben trennen. Ambiguität beinhaltet immer ein Spannungsverhältnis, in dem sich mindestens zwei Pole gegenüberstehen. Da diese Spannungen den meisten Menschen unangenehm sind, versuchen viele, einen der beiden Pole zu ignorieren. Im religiösen Kontext ist das zum Beispiel der fundamentalistische Sprung auf eine einzige Position, unkritisierbar und absolut. Zweifel sind nicht erlaubt. In der Regel sind das unbewusste Vorgänge, die in der Persönlichkeit tief verankert sind.

Nach meiner Erfahrung tun sich viele Pfarrgemeinden schwer, mit Ambiguität umzugehen. Spannungen werden intuitiv als etwas Negatives wahrgenommen. Der Versuch, schnell Harmonie herzustellen, äußert sich in Sprachmustern wie »wir wollen alle mitnehmen«, »Gespräche auf Augenhöhe« oder »was macht das jetzt mit Dir?« Wenn eine solche Kuschelsprache vorherrschend ist, nimmt das Energie und Mut. Irgendwann entsteht Langeweile.

Selbstreflexion

Nehmen Sie die folgenden Standpunkte als Anregung, um über Ihre Ambiguitätstoleranz (die Fähigkeit, Widersprüchlichkeiten und Spannungen auszuhalten) nachzudenken. Wenn Sie die Aussagen tendenziell bejahen, macht Sie das in schwierigen Situationen robuster. Unsere Mutausbrüche können durchaus zu anspruchsvollen Situationen führen.

»Ich bin bereit, Entscheidungen auf Basis einer Vorahnung zu treffen.«

»Zu Beginn einer Aufgabe muss ich nicht sicher wissen, wohin sie mich führt.«

»Ich brauche keinen detaillierten Plan.«

»Ich beschäftige mich gerne mit neuen Ideen.«

»Andere Meinungen und Haltungen bringen mich nicht aus der emotionalen Balance.«

»Spannung halte ich aus.«

»Kritisches Feedback bewerte und nutze ich als Entwicklungschance.«

Überzeug mich doch!

»Es wäre traurig, wenn sie (die Menschen, Anm. d. Verf.) von uns nur eine Sammlung von Lehrsätzen oder Moralvorschriften erhielten, aber nicht die große Heilsbotschaft, jenen missionarischen Ruf, der zu Herzen geht und allem einen Sinn verleiht. Wir können uns auch nicht mit einer sozialen Botschaft zufriedengeben.« So schreibt Papst Franziskus in seinem Apostolischen Schreiben »Querida Amazonia« (63). Er betont immer wieder, dass die Verkündigung des Evangeliums an alle Menschen die wesentliche Aufgabe der Kirche und damit Priorität sei. Verkündigung bedeutet, nachdrücklich darzulegen, was uns gegeben ist: die Frohe Botschaft. Verkündet wird etwas, das mich betrifft. Verkündigung ist dem Anspruch nach immer engagiert, ist Zeugnis und Bekenntnis und nicht nur Predigt. Sie ist ein Angebot und eine Einladung, sich auf etwas einzulassen, was ans Innerste geht. Verkündigung ist somit Geschenk und Herausforderung zugleich.

Wie und wo kann ich verkündigen? In Managementkreisen hieß es früher: »Rede nicht über Sex, Politik und Religion.« Inzwischen hat sich das relativiert. Über Sex wird viel gesprochen. Auch über Politik. Über Religion nur im politischen Sinn – also nicht über tiefe Glaubensfragen und damit ohne den oben genannten Bedeutungshorizont. Denn das Reden darüber ist mit Scham verbunden: zu persönlich, zu tief, zu subjektiv. Ich mache mich verletzlich und stehe als das »Weichei« da. Zurecht? Schließlich geht es ums Business, könnte man meinen. Ich meine nicht, dass es unangemessen wäre, in der beruflichen Situation explizit ein christliches Zeugnis abzulegen. Denn – und das ist inzwischen ein Gemeingut im beruflichen Kontext – wir haben immer den ganzen Menschen in der Firma (oder der Behörde, oder der Schule, dem Verein, dem Zugabteil und so weiter). Mir ist es im Gegenteil ein Anliegen, in angemessener Weise die Spaltung in ein sakrales und ein profanes Ich zu überwinden. Die Erfahrung, dass wir uns im feierlichen (zum Beispiel kirchlichen) Rahmen ein wenig auf das Religiös-Spirituelle einlassen können und sonst den säkularen Alltag leben, macht den Glauben zwar zu einem Rahmen, der dem ganzen Leben halt und etwas Orientierung gibt. Der Auftrag des Evangeliums hört sich aber deutlich steiler an: »Wie mich der Vater gesandt hat, so sende ich euch« (Johannes 20,21). Jesus hat das ganze Leben gemeint. Wir müssen also nach Wegen suchen, die Verkündung und Zeugnisgeben nicht nur in der Predigt oder im explizit kirchlich-seelsorglichen Kontext ansiedelt.

Dabei geht es nicht um ein predigtartiges, geschweige denn moralisches Sprechen. Im Zeugnis, im Bekennen ereignet sich etwas, es bricht sich etwas Bahn, ein besonderer Moment entsteht, in dem alle beteiligten Menschen berührt werden. Es geschieht etwas. Inwieweit das, was wir dabei tun, den anderen überzeugt, haben wir nicht im Griff. Im Gegenteil, je mehr wir versuchen, unser Gegenüber von etwas zu überzeugen, je mehr wir Intensität, Intimität, Leidenschaft und Pathos in die Verkündigung hineinbringen, desto weniger gelingt sie. Ein Paradox wie die Liebe: Je mehr wir sie erzwingen wollen, desto weniger wird sie erwidert. Auch wenn Argumente eingesetzt werden, um jemanden zu überzeugen, der nicht bereit ist, sich auf uns einzulassen, ernten wir in der Regel nur geäußerte oder gedachte

Gegenargumente. Der andere wird versuchen, seine Position und letztlich im religiösen Kontext auch seinen Glauben zu verteidigen. Argumente verfangen nur, wenn die andere Person mit mir schon ein gewisses Maß an Überzeugung teilt, also grundsätzlich bereit ist, sich überzeugen zu lassen, und ich in der Lage bin, mit meinen Argumenten ihre Werte zu berühren. Es hilft eine gewisse Distanz in Verbundenheit, die die Freiheit des anderen ernst nimmt. So kann die andere Person frei entscheiden, ob sie sich darauf einlässt oder auch nicht. Verkündigung heißt von daher, Situationen zu schaffen, in denen sich Menschen selbst mit der Frohen Botschaft auseinandersetzen und, wenn sie mögen, sich selbst überzeugen.

Die Mutausbrüche in diesem Buch wollen dazu beitragen, in diesem Sinne »privilegierte Momente« zu schaffen, also solche, die von allen Beteiligten als hervorgehoben, überraschend, inspirierend, bevorzugt, aber auch als vertrauensvoll erlebt werden. Dies kann schon in einem »Moment«, also einem Zeitraum von wenigen Minuten, stattfinden. Der Begriff »Momentum« steht aber auch physikalisch für eine Kraft, die bewegt. Mit diesem Momentum wird eine Atmosphäre geschaffen, die von Offenheit und Zuwendung geprägt ist, die neu ist, die inspiriert und wachmacht, die »pur« ist und authentisch.

Selbstreflexion

Die folgenden Aussagen spiegeln Erfahrungen und förderliche Haltungen im Überzeugungsprozess wider. Vielleicht helfen sie, die richtige Intensität im Dialog zu finden. Einige der weiter unten folgenden Mutausbrüche haben damit zu tun. Prüfen Sie, wozu Sie sich davon anregen lassen wollen.

»Ich kenne meinen Standpunkt und sage ihn auch – einfach und klar.«

»Ich muss nicht überzeugen.«

»Argumente erzeugen Gegenargumente.«

»Ich schaffe eine Atmosphäre, die den anderen einlädt, sich selbst zu überzeugen.«

»Überzeugung ist ein Ereignis, das geschieht.«

»Im Dialog bin ich interessiert und höre engagiert zu.«

»Auch ich lasse mich überzeugen.«

Ich wage es

Wohlwollen – auch mit mir selbst

»Habe ich dir nicht befohlen: Sei mutig und stark? Fürchte dich also nicht und hab keine Angst; denn der Herr, dein Gott, ist mit dir überall, wo du unterwegs bist« (Josua 1,9).

Bei neuen Themen und Aufgaben, die uns fordern, schwanken wir zwischen ermutigenden und entmutigenden Gedanken. In diesen Situationen wirken sich Einflüsse von außen besonders stark aus. Wenn wir Zuspruch und Rückhalt spüren, gehen wir eher über die Schwelle, als wenn wir zu hören bekommen, dass ein Scheitern drohe, uns die Fähigkeit oder die Mittel fehlten oder das Ganze unnütz sei. So wertvoll es ist, Feedback von außen zu bekommen und dieses auch aufzunehmen – entscheiden müssen wir am Ende selbst. Um in spezifischen Situationen den Weg zu finden, der uns entspricht, braucht es achtsame Wahrnehmung: Sehen, Hören, Fühlen, Riechen, Schmecken. Ohne Beurteilung. Der Konfliktforscher Wiliam Ury nennt das »to go to the balcony«. Einfach wohlwollend wahrnehmen, was ist. Beispielsweise die Selbstgespräche, die wir in einer solchen Situation intuitiv führen. Die Idee dabei ist, dass wir uns das Leben nicht unnötig schwer machen und nicht zu streng mit uns selbst sein sollten. Stattdessen können wir die Gedanken kommen und gehen lassen, aufmerksam sein, wahrnehmen. Wenn wir dabei die Nähe Gottes spüren, ist das gut. Wenn nicht, auch.

Manchmal hilft es, sich bestimmte Muster, Aussagen, Appelle oder Gedanken aufzuschreiben und diese später (mit dem gleichen Wohlwollen) zu reflektieren. Wir könnten uns auch die Frage stellen: Was ermutigt mich? Was nicht? Wenn wir uns selbst ermutigen wollen, hilft es, die entsprechenden Gedanken festzuhalten, zu fokussieren und sich auszumalen. Es ist legitim, begrenzende Gedanken, die entmutigend wirken, einfach beiseitezulegen.

Wege – Gabelungen – Irrwege

»Deine Augen werden den König in seiner Schönheit erblicken, sie sehen ein fernes Land« (Jesaia 33,17). Der jüdische Sozialpsychologe und Philosoph Manès Sperber beschrieb das Bild einer Brücke, auf der wir über den Abgrund gehen. Diese Brücke gibt es nicht. Sie entsteht mit jedem Schritt, mit dem wir voranschreiten, unter unseren Füßen. Also müssen wir gehen, voranschreiten. Aber nicht einfach gehen, sondern erspüren und entscheiden, in welche Richtung. Auch, wenn das Ziel noch nicht ganz klar ist. So ist auch das mutige Erproben ein Schritt, ein Weg. Am besten wissen Sie selbst, was das für Sie sein könnte und welche Gelegenheiten sich für Sie ergeben. Im Folgenden finden sie einige Anregungen dafür. Die Mutausbrüche. Es geht dabei um die Aktion, nicht um das Ergebnis.

33
Mut aus
brüche

1 Steh dazu!

Franziska hatte Psychologie studiert und anschließend viele Jahre in der Personalabteilung eines Technologiekonzerns gearbeitet. Nach spannenden Erfahrungen bei der Begleitung von Change-Prozessen im Konzern und drei Jahren in Asien entschied sie sich, zu kündigen. Unternehmensberaterin zu werden, das war ihre Idee. Selbstbewusst bewarb sie sich bei kleineren und mittleren Beratungsunternehmen. Die waren durchaus interessiert. Für Franziska gab es jedoch eine wichtige persönliche Rahmenbedingung: Ihr kirchliches Engagement sollte darunter nicht leiden. Donnerstagsabends Chorprobe. Darüber hinaus Mitwirkung in verschiedenen Projekten der Gemeinde, die unregelmäßig unterschiedliche Zeitbudgets erfordern. Das Gespräch mit dem Personalleiter verlief gut. Er zeigte deutlich, dass ihn Franziskas Qualifikation und Erfahrung beeindruckte. Klar war aber auch, dass der Job als Beraterin einiges an Reisetätigkeit und oft auch lange Arbeitszeiten mit sich brachte. Drei bis vier Tage Abwesenheit pro Woche wären je nach Kundenanforderungen normal. Franziska fasste Mut: »Es gibt da noch einen wichtigen Punkt, der mir sehr am Herzen liegt. Donnerstagsabends kann ich nicht, weil ich in meiner Kirchengemeinde aktiv bin. Ich singe in einem Chor, was mir sehr wichtig ist. Welche Möglichkeiten hätten wir, das miteinander in Einklang zu bringen?«

Wir wissen nicht, wie die Geschichte ausging und ob Franziska den Job bekommen hat. Auf jeden Fall ist es nicht selbstverständlich, sich so zu positionieren. Der Personalleiter wird sich vermutlich dieses Engagement merken, ganz gleich, ob er das positiv oder negativ bewertet.

Mutausbrüche

> Wie geht es mir mit dieser Geschichte?

> Wo möchte ich im Beruf »Flagge zeigen«?

> Wie würde dies vermutlich auf mein Gegenüber wirken?

> Was gefällt mir daran?

> Was nicht?

2 Unter Fremden vom eigenen Glauben sprechen

Ein Zug hat auf offener Strecke einen Maschinenschaden. Die Standzeit ist ungewiss. Ob der Termin oder der Anschlusszug noch rechtzeitig erreichbar sein wird? Menschen reagieren sehr unterschiedlich in solchen Situationen. Manche bleiben weiterhin still in ihren Laptop oder ihr Buch vertieft. Für andere ist es ein Anlass, miteinander ins Gespräch zu kommen. Zunächst natürlich zum Dauerthema »Bahn« und deren Verspätung. Geschichten werden ausgetauscht: Wann es noch schlimmer war, woran es vermutlich liegt, dass der Zug steht, warum es eine »Katastrophe« ist, dass das jetzt schon wieder passiert. Die berufstätige Mutter spürt, wie bei ihr der Druck steigt. Sie muss doch pünktlich zu Hause sein! Sie besinnt sich und bemüht sich um ein Lächeln. Plötzlich sagt sie: »Ich habe auch keine wirklichen Antworten in solchen Situationen. Aber mir hilft es, wahrzunehmen, was um mich herum ist. Es gibt auf Zugfahrten oft so viel Schönes zu sehen. Ich denke dann, Gott ist dabei.«

Was vermuten Sie, wie das Gespräch weitergeht? Es gibt sicherlich Varianten – von Überhören über irritierte Blicke bis hin zu Schweigen oder gar Zustimmung. Die Wahrscheinlichkeit, dass durch diese Frau ein prägnanter Punkt im Gespräch gesetzt wurde, ist relativ hoch.

Mutausbrüche

› Was finde ich an dieser Geschichte interessant?

› In welchen öffentlichen Situationen möchte ich mich besinnen?

› Wenn ich in dieser Situation von dem erzähle, was mir wirklich wichtig ist, was passiert dann?

› Welche Gefühle habe ich, wenn ich so offen bin?

› Warum sind diese Gefühle gut?

3 Sport gegen Gott – das lässt sich lösen

Andreas freut sich, dass sein Sohn Neal so begeistert Fußball spielt. Als Torwart hat er eine exponierte Stellung und ist nicht so leicht ersetzbar. Der Elfjährige ist stolz wie Bolle.

Das Problem: Eigentlich möchte die Familie sonntagsvormittags in den Familiengottesdienst gehen, welcher in der örtlichen Gemeinde immer sehr lebendig gestaltet wird. Und schließlich hat seine kleine Schwester bald Erstkommunion. Ein Dilemma, da beides gleichzeitig oft nicht geht, vor allem, wenn Neal auswärts spielt. Andreas versteht auch, dass es Neal im Zweifel eher zum Fußball zieht. Also fasst er sich ein Herz und spricht beim nächsten Spiel am Platz den Vereinsvorsitzenden an: »Ich habe da ein Problem und vielleicht finden wir ja eine Lösung. Neal ist so begeistert bei euch dabei – und das wollen wir unbedingt beibehalten. Zeitlich ist das für uns am Sonntagvormittag aber oft schwierig. Wir würden auch gerne in die Kirche gehen. Wie siehst du das – gäbe es theoretisch eine Möglichkeit, die Auswärtsspiele zeitlich etwas zu schieben?«

Mutausbrüche

› Warum sollten sich die statistisch erwartbaren
  95 Prozent nichtkirchlicher Vereinsmitglieder nach
  der Stimme eines kirchlich Interessierten richten?

› Vielleicht sind es jedoch auch mehr kirchlich
  Interessierte, die sich nicht trauen, über dieses Thema
  zu sprechen?

› Was würde es bringen, wenn im Verein darüber
  diskutiert würde?

› Welche Prioritäten setze ich? Gottesdienst oder anderes?

› Wie möchte ich die Prioritäten setzen? Warum?

4 Für andere Glaubensrichtungen einstehen

Eine Gemeinschaftsschule hat einen hohen Anteil an Kindern mit Migrationshintergrund, viele sind Flüchtlinge aus Syrien und Afghanistan oder Familien aus der Türkei in zweiter Generation. Die Diskussion im Lehrerzimmer dreht sich um den Ramadan. Manche fragen, wie weit die Rücksichtnahme gehen soll. Dürfen Klassenarbeiten geschrieben werden? Kann man das Schulfest im Ramadan stattfinden lassen? Darf es Sportveranstaltungen geben? Ist es in Ordnung, dass die Kinder drei Tage zu Hause bleiben?

Die Schulleitung bezieht Stellung: »Für uns als Christen sind Feste wie Weihnachten, Ostern und Pfingsten ganz besondere Momente im Jahreskreis. Wir persönlich begehen diese Feste aus dem Glauben bewusst und intensiv. Viele andere weniger aus dem Glauben, aber aus der Tradition heraus. Dasselbe Recht haben auch unsere Familien muslimischen Glaubens. Auch sie sollen mit Begeisterung ihre Feste feiern dürfen. Und: Es sollen daraus keine Konflikte entstehen. Wir bitten deshalb alle Lehrerinnen und Lehrer, an den hohen muslimischen Festen keine Klassenarbeiten und besondere Veranstaltungen durchzuführen. Auch andere Religionen bitten wir in diesem Sinn zu berücksichtigen, wenn Eltern dies ansprechen.«

Der Umgang mit den Feiertagen der verschiedenen Religionen ist für Schulen gesetzlich geregelt. Gleichzeitig gibt es hier Spielraum, der eine Chance bietet, bei dessen Gestaltung klar Position zu beziehen.

Mutausbrüche

> › »Religiös zu sein, bedeutet heute zugleich, interreligiös zu sein« – wie stehe ich zu diesem Satz?

> › Wie interreligiös bin ich?

> › Was reizt mich daran?

> › Mit wem würde ich dazu gerne in den Dialog treten?

> › Auf welche Weise bahne ich das an?

5 In meiner Wohnung hängt ein Kreuz

Ein Kreuz im Eingangsbereich der Wohnung war früher selbstverständlich – ein Zeichen für den Tod Jesu und seine Auferstehung und die Zugehörigkeit zur christlichen Tradition. Oft fanden sich dort zudem kleine Weihwasserbecken, die regelmäßig mit geweihtem Wasser befüllt wurden, welches man in der örtlichen Kirche »zapfte«. Das Heilige wurde so im Bewusstsein gehalten.

Bei Muslimen ist vielleicht ein Bild der Kaaba – ein quaderförmiges Gebäude im Innenhof der Heiligen Moschee in Mekka – damit vergleichbar. Als »Haus Gottes« bildet sie das zentrale Heiligtum des Islam.

Menschen jüdischen Glaubens befestigen die Mesusa am Türpfosten: Eine kleine Schriftkapsel, in der sich ein Text aus dem Buch Deuteronomium befindet (Deuteronomium 6,4-9): »Höre, Israel! Der Herr, unser Gott, der Herr ist einzig. Darum sollst du den Herrn, deinen Gott, lieben mit ganzem Herzen, mit ganzer Seele und mit ganzer Kraft. Und diese Worte, auf die ich dich heute verpflichte, sollen auf deinem Herzen geschrieben stehen. Du sollst sie deinen Kindern wiederholen. Du sollst sie sprechen, wenn du zu Hause sitzt und wenn du auf der Straße gehst, wenn du dich schlafen legst und wenn du aufstehst. Du sollt sie als Zeichen um das Handgelenk binden. Sie sollen zum Schmuck auf deiner Stirn werden. Du sollst sie auf die Türpfosten deines Hauses und in deine Stadttore schreiben.«

Mutausbrüche

› Wo finden sich heute die starken Zeichen in der Neubauwohnung? Und dabei geht es nicht um den traditionellen Herrgottswinkel im bayerischen Brauhaus als Accessoire fürs Ambiente.

› Was würde mir ein religiöses Zeichen in meiner Wohnung bedeuten? Welches Zeichen könnte das für mich sein?

› Welche Besucher würden ein religiöses Zeichen in meiner Wohnung wohl registrieren?

› Wie fühlt es sich für mich an, wenn andere das sehen?

› Wie könnte es sich für die anderen anfühlen?

› Möchte ich dazu ins Gespräch kommen? Angenommen, ich würde es tun, was würde ich dann sagen?

6

Wer vor dem
Essen betet, gewinnt

Wir leben in einer Zeit, in der der Ernte- und Verarbeitungsprozess eine weltweite Angelegenheit ist. Somit wird Essen zu einer Frage der Verantwortung gegenüber der Welt und meinen Mitmenschen und ist nicht mehr reine Privatsache. Das Tischgebet öffnet mich und hilft mir, mich aus meiner Ich-Bezogenheit zu befreien. Es macht mir klar, dass andere für mein Essen gearbeitet haben.

Im Zentrum stehen damit der Dank und das Bewusstsein, dass ich diese Welt nicht geschaffen habe, sondern dass ich mich verdanke. Wer dankt, übernimmt Verantwortung. Danken heißt aber auch, in Beziehung zu gehen. Wer im Gebet dankt, begibt sich in Beziehung zu seinem Schöpfer und realisiert somit ein Kernelement seines Daseins.

Wir alle haben das Bedürfnis, einen Beitrag zu leisten und der Welt etwas zu geben. Haben Sie es schon einmal erlebt, dass Sie etwas schenken wollten und Ihr Gegenüber dies mit einer Floskel abgelehnt hat? Mit Formulierungen wie: »Du sollst doch nicht so viel Geld ausgeben« oder »Nein, das kann ich nicht annehmen« wurden Sie vermutlich um ein Glücksgefühl gebracht. Es hätte Sie gefreut, wenn der andere Ihre Gabe angenommen und Ihnen Resonanz dafür gegeben hätte. Stattdessen wird Ihre Geste – auch wenn es wahrscheinlich nicht so gemeint ist – abgewertet. Der Satz, der dagegen die Beziehung stärkt, ist ganz einfach: »Vielen Dank – ich freue mich (sehr).« Die Gabe wird gewürdigt, die Freude geteilt. Im Dankgebet geben wir somit Gott etwas von unserer Freude zurück und schließen zugleich alle Menschen, die für die Gabe des Mahls gearbeitet haben und auch diejenigen, die jetzt nicht teilhaben können, mit ein.

Wie wir beten, ist ein Typfrage. Auch wenn das Tischgebet biblisch nicht bezeugt ist, so gibt es dafür doch einen großen Gebetsschatz – und vor allem den eigenen Wortschatz. Die Haltung des Dankens dagegen wird biblisch oft bezeugt, wie die folgenden Bibelstellen zeigen: 1 Thessalonicher 5,16–18; Psalm 107,1; Kolosser 3,15–17; Jakobus 1,17; Philipper 4,6; Psalm 100,4; Kolosser 4,2; Psalm 20,5; Thessalonicher 1,21; Philipper 1,3–4.

Sich im öffentlichen Bereich religiös und dankend zu zeigen, ist heute oft mit Scham verbunden. Muslime agieren hier entschiedener. Sie beten in der Fabrik, an der Raststätte, im Einkaufszentrum, indem sie einfach ihren Gebetsteppich entrollen. Extrem selten sehen wir heute Gesten des Christlichen im öffentlichen Bereich. Und wenn, dann oft verdeckt, verhuscht. Natürlich geht es beim Gebet weniger darum, zu zeigen, dass man betet. »Theater zu spielen« ist damit nicht gemeint. Die Sichtbarkeit des Gebets sollte uns nicht von der damit verbundenen Innerlichkeit abhalten.

> Was gewinne ich durch mein Tischgebet?

> Inwiefern würde mich das Überwindung kosten – oder auch nicht?

> Was ist mein Gebet?

> Was ist meine Vorstellung von Gottesbeziehung in dieser Situation?

> Was sage ich, wen mich jemand fragt?

7 Gott ist ein Camper

In leichter Behausung zu leben und unterwegs zu sein, ist nicht nur urbiblisch, sondern auch ein Kennzeichen christlicher Spiritualität bis heute. Denn der Gott der Bibel ist kein Gott, der auf einem heiligen Berg oder in einem bestimmten Tempel verehrt werden muss. Er wohnt nicht statisch an einem Ort oder gar in einem Gebäude. Er ist der Gott, der kommt, der mitgeht, der da ist. Wir sehen ihn bei einem Hochzeitsfest (Johannes 2), er lässt sich nachts in ein Gespräch verwickeln (Johannes 3) und er bittet eine fremde Frau am Jakobsbrunnen um einen Becher Wasser (Johannes 4). Er besucht einen kranken Menschen am Teich Bethesda (Johannes 5) und trauert mit einer Familie in Bethanien (Johannes 11). Und schließlich wäscht er als Diener die schmutzigen Füße seiner Jünger (Johannes 13,1). Gott schlägt sein Zelt bei den Menschen auf. Gott ist ein Camper.

Also muss er auf dem Campingplatz doch auch erfahrbar sein. Hier herrscht häufig eine entspannte, legere Atmosphäre. Das Publikum ist sehr unterschiedlich. Zumindest was den äußeren Eindruck betrifft, denken die Menschen hier weniger an Gottesdienst. Also nachfragen – vielleicht auch, ob es eine kleine Broschüre dazu gibt oder einen Hinweis auf der Website.

› Welche Entdeckungen kann ich dabei machen?

› Welche Entdeckung kann meine Gesprächspartnerin, mein Gesprächspartner machen?

› Inwieweit könnte es ein »Service« sein, Gottesdienstorte und -zeiten auszuhängen?

› Geht das nicht auch im Hotel, in der Ferienanlage, im Fortbildungshaus?

8

Ein Kreuzanhänger –
mehr als Schmuckstück

»Im Kreuz ist heil – im Kreuz ist Leben – im Kreuz ist Hoffnung«, so singen wir Christen bei der Kreuzverehrung an Karfreitag (Gotteslob 563). Ein Instrument der Folter und des Tötens ist uns Christen zum Hoffnungszeichen geworden – für viele Menschen aber auch zu einem modischen Accessoire.

Im Internet fand ich dazu folgende Frage auf einem Portal, das sich mit Lifestyle, Fashion, Beauty, Living, Liebe und Partnerschaft beschäftigt (https://forum.glamour.de/t/darf-man-eine-kreuzkette-tragen/3348, 17.08.2020):

»Darf man eine Kreuzkette tragen, wenn man kein Christ ist? Ich bin gerade ein bisschen entsetzt und muss deshalb mal diese Frage stellen. Wir sind hier keine besonders religiöse Gegend (ziemlich gemischt, hier dominiert eigentlich keine bestimmte Richtung), ich selbst bin weder getauft noch konfirmiert worden, was ich nicht schlimm finde. Meine Eltern hatten mir diese Entscheidung freigestellt. Mit Kirche habe ich nicht viel am Hut, außer vielleicht mal an Heiligabend. Vor acht Jahren hat meine Mutter mir zum Schulabschluss eine Kette mit einem kleinen silbernen Kreuzanhänger geschenkt. Seitdem trage ich diese Kette, einfach, weil ich sie sehr schön finde, für mich ist sie ein schönes Accessoire. Nun wurde ich gerade auf der Arbeit von einer Kollegin aus einer anderen Abteilung gefragt, ob ich Christ bin. Als ich dies verneinte, begann sie, mich so dermaßen zu beschimpfen, warum ich denn so dreist bin, mir ein Kreuz um den Hals zu hängen, wenn ich doch gar nicht religiös bin. Das wäre Verrat und ich sollte diese Kette sofort abnehmen. Zudem könne sie nicht verstehen, dass man mich hier eingestellt hat (bin übrigens seit über drei Jahren hier), da ich mit dieser Kette optisch wie eine Christin wirke und das wäre hier sicher nicht erwünscht. In dem Moment war ich leider so baff, ich konnte gar nichts sagen. Natürlich habe ich die Kette nicht abgenommen, ich lasse mir doch nicht vorschreiben, wie ich mich zu kleiden habe. Wie seht ihr das?«

Die Antworten bilden das ganze Spektrum ab, sie reichen von »lass dir nicht verbieten, dich so zu kleiden, wie du möchtest« bis hin zu »warum trägst du ein christliches Symbol, wenn du dich nicht so fühlst?«. Das Beispiel zeigt: Das Kreuz spricht – ob wir es wollen oder nicht. Vermutlich kommt es sehr selten zu solch heftigen Reaktionen. Ich könnte mir aber vorstellen, dass eine Kette mit Kreuz häufig unausgesprochene Fragen aufwirft: Glaubt dieser Mensch an dieses Zeichen? Wenn ja, wie sieht sein Glaube aus? Entspannt? Engagiert? Fanatisch?

Ein Kreuz zu wählen und als Zeichen für die eigene Hoffnung zu tragen, wirkt also. Es gibt viele verschiedene Kreuzformen: das Lateinische Kreuz, das Antoniuskreuz, die byzantinische Form oder die Lazarus-Variante.

Mutausbrüche

› Viele tragen ein schweres Kreuz. Was löst das in mir aus?

› Wie sieht das Kreuz aus, das ich selbst tragen muss?

› Welcher Kreuzanhänger würde zu mir passen?
Welche Hoffnung verbinde ich damit?

› Was würde ich auf die oben genannte Anfrage
antworten?

› Würde ich andere auf ihr Kreuz ansprechen?

9 Den Tod und das Danach ins Leben holen

Der Tod ist schockierend und er bleibt unbegreiflich. Die Angst, den Schmerz und den Verlust zu spüren, verleitet uns dazu, diesen Teil des Lebens totzuschweigen. Manchmal wollen wir damit uns und andere schützen. Vielleicht diskutieren wir noch über das Erbe oder eine Patientenverfügung. Aber sprechen wir konkret in der Familie über den Tod und die damit verbundenen Ängste und Hoffnungen? Es wäre ein sehr privilegierter Moment, ein solches Gespräch mit den eigenen alten Eltern zu führen und dabei nicht in formale Erbschaftsthemen oder allgemeine Aussagen wie den heutigen Totenkult in der Gesellschaft abzudriften.

Das könnte zum Beispiel an einem Sonntagnachmittag stattfinden, wenn die Familie beisammen ist. Vielleicht sogar begleitet von einer Bibelstelle. Eventuell kann man sogar gemeinsam nach einer passenden Stelle suchen und somit dem Gespräch Offenheit und Struktur zugleich geben. Hilfreich ist es, wenn das Gespräch nicht von Diskussion, sondern von Zuhören gekennzeichnet ist beziehungsweise, wenn die Erzählenden »Ich-Aussagen« machen und alle die Möglichkeit haben, ihre Gedanken zu entfalten. So könnte man gemeinsam suchen und tasten und gleichzeitig offene Fragen und Ungewissheiten aushalten, sich vielleicht aber auch von (christlichen?) Hoffnungen und Träumen anstecken und ermutigen lassen.

Möglicherweise ergibt sich daraus die Gelegenheit, einander zu sagen, was man jetzt, wo der oder die andere noch lebt, aneinander hat und wertschätzt. Oder man macht sich gemeinsam Gedanken, wie eine Beerdigung oder eine Trauerphase aussehen könnte. Ein solcher Austausch im Angesicht des Todes kann helfen, Frieden und Gemeinschaft miteinander zu finden. Man tut, was man zuletzt tun kann – auch wenn vieles auch dann noch unsagbar bleibt.

Mutausbrüche

› Wenn ich ein solches Gespräch angehen möchte, welcher Rahmen, welche personelle Konstellation wäre passend?

› Wie fühle ich mich voraussichtlich in dieser Situation? Wie möchte ich mich fühlen?

› Wer könnte damit überfordert sein? Durch was oder warum?

› Durch welches Verhalten meinerseits kann ich eine gute Atmosphäre schaffen – insbesondere dann, wenn Unsicherheiten/Spannungen entstehen?

› Welche Hoffnung trägt mich in dieser Situation?

10 Christsein im Beruf – das geht!

Der Chef eines mittelständischen Unternehmens agiert ausgesprochen aggressiv. Hinter verschlossenen Türen demütigt er die Mitarbeiter. Verächtliches Sprechen über Dritte ist an der Tagesordnung. Einer seiner Mitarbeiter steht bei ihm aber in gutem Ruf. Er selbst macht überwiegend positive Erfahrungen. Eines Tages bietet sich die Gelegenheit, sich vom Verhalten des Chefs abzugrenzen. Er sagt ihm: »Du weißt, dass ich sehr loyal zu dir stehe und ich in der Firma mein Bestes gebe. Die Art und Weise, wie du über andere sprichst, gefällt mir aber überhaupt nicht. Ich habe auch manchmal den Eindruck, dass manche sehr betroffen sind, wenn sie mit dir gesprochen haben. Meinem christlichen Verständnis entspricht dies nicht. Ich möchte dich bitten, achtsamer zu sein. Es heißt: ›Liebe deinen Nächsten wie dich selbst.‹ Was denkst du dazu?«

Eine solche Aussage erfordert Mut. Je nach Kontext wäre sie aber angebracht. Was kann helfen, diesen Mut aufzubringen? Es ist nicht leicht, eine solche Haltung in einem von Anspruch und Komplexität geprägten Umfeld, in dem es sich zu beweisen lohnt, zur Sprache zu bringen. Und diese Haltung dann christlich zu begründen. Oft sind wir sehr zentriert auf das, was an Erwartungen auf uns zukommt. Deshalb leben wir häufig mehr oder minder bewusst eine Trennung zwischen dem kirchlichen und dem weltlichen Bereich. Dabei können wir Gott und Welt nicht trennen.

Es gibt keinen religiösen Sonderbereich neben der übrigen Wirklichkeit. Es gibt nur eine Schöpfung.

Der weltliche und der geistliche Horizont sind aufeinander bezogen und können sich gegenseitig befruchten. Dabei geht es nicht darum, immer bewusst aus dem eigenen Glauben heraus zu handeln. Wir müssen uns schließlich auf die Sacharbeit konzentrieren. Aber es geht um eine Grundlage, eine christliche Einstellung, die unsere Persönlichkeit prägt und die es uns ermöglicht, entsprechendes Denken und Handeln spontan hervorzuholen. Wir liefern uns dann nicht der Willkür oder der konkurrenzbasierten Gruppendynamik aus, sondern folgen selbstbestimmt dem christlichen Sinnverständnis. Das jeweilige Arbeitsziel wird so dem christlichen Kontext zugeordnet und von diesem her ausgerichtet. Voraussetzung dafür ist es, dass wir uns bewusst entscheiden, ein christliches Weltverständnis in uns zu entfalten und den beruflichen Kontext von dorther zu betrachten. Die Teilnahme am kirchlichen Leben, insbesondere an Gottesdiensten, aber auch das Gespräch zu Glaubensthemen können uns dabei Kraft geben.

> Wo bin ich in meinem Beruf mit meinem christlichen Selbstverständnis im Einklang?

> Wo nicht?

> Angenommen, ich würde mich in ausgewählten Situationen noch mehr danach ausrichten und sehr klar und christlich begründet Stellung beziehen, was würde dann passieren?

> Wie würde es auf andere wirken? Was wäre daran positiv, was negativ?

> Was will ich ab jetzt in solchen Situationen tun?

11 Kirche auf der Straße

In unserer Stadt wurde ein Viertel in der Nähe des Bahnhofs neu gestaltet. Viele Wohnungen entstanden. Langsam ziehen die Bauleute ab und das Leben unterschiedlichster Menschen kommt in das Areal. Bisher war das Gebiet nicht als Wohngebiet erschlossen. Stattdessen Brache, Gewerbe. Also auch nichts Kirchliches. Einige junge Menschen entschieden sich, an einer Anzahl von Samstagvormittagen mit einem Stand ihrer Kirchengemeinde in dem neuen Viertel präsent zu sein. Schilder und kleine Broschüren wurden erstellt, der Genehmigungsantrag für einen Stand an die Kommune versandt. Es gab Kaffee und Kuchen. Und vor allem die Möglichkeit, zu einem Schwatz wie auch bei Bedarf zum Austausch von Adressen und Telefonnummern. Wichtig war es, offen, aber nicht kontaktheischend aufzutreten, sondern sich an jeder Begegnung zu freuen, die zustande kam. Trotzdem konnten die jungen Menschen davon ausgehen, dass viele, die an dem Stand vorbeigingen, das Zeichen der Gemeinde bewusst oder halbbewusst wahrnahmen. Kirche bleibt damit ein Merkmal der Umgebung. Eine Kirche, die da ist. Vielleicht lohnt es sich ja, damit in Kontakt zu treten.

› Wo sollten wir als Kirchengemeinde wahrnehmbarer und präsenter sein?

› Was wäre dabei unser Anliegen?

› Wie könnten wir dieses vermitteln, verkörpern?

› Was braucht es in organisatorischer Hinsicht (Genehmigung bei der Behörde, Abstimmungsprozesse in der Gemeinde und so weiter)?

› Wer macht verlässlich mit?

12 Gott – Leserbrief – Tweet – Blog

Es gibt viele Anlässe, in Debatten einzugreifen. Aus christlicher Sicht bietet sich dies immer dann an, wenn in der Presse selbst oder bei gesellschaftlichen Ereignissen oder auch aufgrund von Äußerungen prominenter Personen christliche Werte tangiert werden. Hier wach zu sein und durchaus spontan, aber auch reflektierend in die Tastaturen zu greifen, ist eine sehr gute Möglichkeit, als Christ auch außerhalb der Kirche differenziert und klar Stellung zu beziehen.

Leserbriefe haben eine wichtige Bedeutung für Zeitungen und Zeitschriften, wie die oft engagierte Korrespondenz mit den Redaktionen zeigt. Alternativ bieten sich auch Beiträge in guten Blogs an. Sie rücken wichtige Blickwinkel ins öffentliche Bewusstsein und signalisieren Kompetenz. Wenn beispielsweise eine renommierte überregionale Tageszeitung am Gründonnerstag eine große Kolumne mit dem Titel »Ostern – muss das sein?« veröffentlicht, die in akademischem Jargon schlechte Polemik beinhaltet und dabei Christen als irrationale Schäfchen beschrieben werden, gilt es zeitnah und prägnant Stellung zu beziehen. Die Öffentlichkeit soll merken: Sie sind noch da, die Christen – engagiert und mit kompetenter, klarer Stimme.

Wenn Sie mögen, finden Sie im Internet viele Anregungen und Tipps zum Schreiben von Leserbriefen und anderen öffentlichen Beiträgen.

Mutausbrüche

> › Was wäre mein Thema?

> › Was mein Medium?

> › Was genau ist meine Kernbotschaft –
> kurz, prägnant, präzise?

> › Für wen schreibe ich?

> › Welche Resonanz erwarte ich mir?

13 Schweigen gibt Kraft

Privilegierte Momente entstehen weniger durch Reden als vielmehr durch Unterbrechung, durch Innehalten, durch Gewahrwerden. Schweigen – auch im sozialen Kontext – hat also nicht nur einen rhetorischen Stellenwert. Es verlangsamt das Zeiterleben, es schafft Momente, es nimmt wahr, es würdigt. Dabei geht es um ein bewusstes Schweigen – im Zweiergespräch, in der Gruppe, ja sogar online in der Videokonferenz (wenn die Kameras eingeschaltet sind). In der Stille kann die Unmittelbarkeit Gottes und die Kraft der eigenen Mitte erfahren werden. Einkehr ist möglich, in sich selbst und in Gott.

Stille kann aber auch heißen, zu warten. Es vor Gott auszuhalten, ohne zu wissen, welche Antwort erfolgt. Seit Abraham sind wir Christen hoffend Wartende. Wir warten auf Gott, auf seine Gerechtigkeit, auf das, was von ihm kommt. Zu Schweigen heißt somit auch, anzuerkennen, dass wir uns in einem ständigen Provisorium befinden. Alles ist unfertig, wartet auf Vollendung. Zeiten der Ruhe und auch Zeiten der Leere sind Ausdruck davon. Es ist die Zustimmung zu dem, was uns zuteilwird und was uns widerfährt.

Mutausbrüche

› Bei welchen Gelegenheiten könnte ich das Plappern und eher belanglose Reden begrenzen?

› Wo und wann möchte ich mir eine Atempause geben, im Schweigen einen Resonanzraum für meine inneren Stimmen erleben?

› Wann möchte ich nicht lesen, nichts schreiben, nicht fernsehen und nicht im Internet surfen und auch keine Musik und kein Hörspiel hören?

› Wann verzichte ich auf gewohnte Beschäftigungen wie Sport, Hobby oder Haushaltsarbeiten?

› Was tue ich im Schweigen?

14 Die afrikanische Krippe im Restaurant

Das afrikanische Restaurant in der Stadt ist sehr ursprünglich, das Personal herzlich, das Ambiente bunt und leger. Man isst mit den Händen, kann auf dem Boden sitzen. Es gibt typisch afrikanisches Essen: Lamm, Huhn, Reis, Fufu, Grieß, Yams, Süßkartoffeln oder Kochbananen. Junge Menschen bauen das Unternehmen auf – und andere junge Menschen lieben es. Ich selbst wäre gar nicht darauf gekommen, dass die Betreiber des Lokals religiös interessiert sein könnten – ein Vorurteil. Die jungen Menschen sind für dieses Thema sehr aufgeschlossen und daran interessiert.

Klaus, der beruflich und privat viel in Afrika war, besitzt eine schöne, von Einheimischen geschnitzte Holzkrippe. Das Gespräch zwischen ihm und den Inhabern war sehr lebendig. Es wurde viel gelacht. Spontan schlug er vor, die Krippe in der Weihnachtszeit in einem der Fenster aufzustellen. Der Vorschlag wurde begeistert aufgenommen. Gott ist bei den Menschen ankommen.

Mutausbrüche

› Bei welchen Gelegenheiten möchte ich noch wacher für das Christliche im Alltag sein?

› Welche Signale gibt es von anderen Menschen, die zeigen, dass sie für den Glauben aufgeschlossen sind?

› Welche Situationen fallen mir ein, in denen sich spontan spannende Gesprächsanlässe ergeben?

› Wie möchte ich sie nutzen?

› Welches Geschenk möchte ich in dieser Situation machen?

15 Glaube direkt

Über den Glauben zu reden, darin sind wir kaum geübt. Vor allem, wenn wir über unseren Glauben oder unsere Suche danach sprechen wollen. Ich habe das Glück, das ein- bis zweimal im Jahr tun zu können – mit anderen. Intensiv erlebe ich das bei jenen, die nicht glauben, die aber vom Nachdenken darüber nicht lassen können. Es ist eine gemeinsame Suche und nicht ein Austausch von Glaubenssätzen. Gerade die Schwebe, die Fragezeichen, aber auch das vorsichtige Erzählen ganz persönlicher, berührender Erfahrungen macht den Dialog aus. Nichts ist abgeschlossen, nichts ist klar – nur die Sehnsucht, das Interesse, die Offenheit. Dabei entsteht ein eigentümliches Verhältnis aus Verbundenheit und Spannung. Schließlich geht es um das Innerste. Wo sind wir beieinander? Wo getrennt? Was lösen die Unterschiede in mir aus? Wie schaffe ich es, diese als Bereicherung und nicht als Störung zu erleben? Was ergibt sich daraus für das eigene Leben?

Um solche Gespräche zu führen, braucht es keine ausgefeilte Methodik und auch kein theologisches Wissen. Manchmal ist dieses sogar eher hinderlich, weil man sich dann gerne in Details verstrickt und der Dialog leicht unpersönlich wird. Viel hilfreicher ist es, den Zugang zu den eigenen Glaubenserfahrungen zu wagen, sich auf das Experiment des Gesprächs und der Begegnung einzulassen, nicht überzeugen zu wollen, alles als wertvoll wahrzunehmen, nach der guten Absicht zu suchen und die eigenen Impulse zu reflektieren.

Den Mut zu einem intensiven Glaubensgespräch zeigte auch Nikodemus: »Der suchte Jesus bei Nacht auf ...« (Johannes 3,1–21). Warum also nicht den anderen direkt fragen, zum Beispiel:

› Woran glaubst du?

› Wie bist du zum Glauben gekommen?

› Gab es eine Entwicklung auf deinem Glaubensweg?

› Welche Ereignisse sind dir im Gedächtnis geblieben/dir wichtig geworden?

Ein anderes Gespräch über den Glauben findet sich in der Bibel in der Emmauserzählung (Lukas 24,13ff). Diese hat es in vielfacher Weise in sich: Glaube in der Krise, Glaube unterwegs, unverhoffte Ereignisse, miteinander teilen, zuhören, sich Zeit nehmen, Erfahrungen weitergeben, Trauer, Sehnsucht, Fremdsein, Neues entdecken, »Feuer und Flamme« sein ...

Unterschätzen Sie nicht, welch starke Kraft Sie entfalten, wenn Sie authentisch über Ihre Erfahrungen, Hoffnungen und auch Fragen sprechen und zugleich die andere Meinung interessiert aufnehmen.

Mutausbrüche

› Zu wem möchte ich für ein solches Gespräch gehen?

› Und wenn ich – vielleicht ungeübt und unbeholfen – das Thema »Glaube« einfach anspreche?

› Was wäre meine erste Frage oder mein erster Satz?

› Würde ich beharrlich beim Thema bleiben können und wollen?

› Welche Gefühle erwarte ich für eine solche Situation?

16 Unbekannte Kirchenbesucher zu Bekannten machen

Sind wir als Kirche in Deutschland gastfreundlich? Sind wir herzlich einladend, ohne zu bedrängen? Stehen nach dem Gottesdienst immer dieselben zusammen? Gehen viele schweigend nach Hause? Sind die Frauen und Männer, die den Gottesdienst geleitet haben, präsent? Gibt es geschäftige Betriebsamkeit oder präsente Achtsamkeit? Ist Freude erfahrbar? Stehen Menschen allein? Dienen Gespräche oft der Rekrutierung zur Übernahme von Aufgaben? Ist für ein schönes Ambiente gesorgt? Ist die Kirche aufgeräumt? Stimmt die Raumtemperatur? Nehmen sich die Menschen Zeit füreinander?

Mutausbrüche

› Welcher Gedanke hilft mir, meine Gastfreundschaft noch aktiver zu leben?

› Welcher hemmt mich?

› Möchte ich den hemmenden Gedanken durch einen anderen ersetzen? Wenn ja, durch welchen?

› In welchen Situationen verändere ich in Zukunft mein Handeln?

› Möchte ich das immer wieder tun – zur Gewohnheit werden lassen?

17 Mit Scheitern und Misslingen kreativ umgehen

Wenn eine Idee erfolgreich ist, ist das zurecht Anlass für Stolz und Würdigung. Wenn wir scheitern, reden wir nicht so gerne darüber. Die Beschämung sitzt zu tief. Dabei müssten wir Christen mit dem Scheitern doch gut umgehen können. Gelingen und Scheitern sind Aspekte menschlichen Lebens, die sich durch die ganze Bibel ziehen – vom Paradies bis zur Sintflut und vom Kreuz bis zur Auferstehung.

Scheitern gehört nicht nur zum Leben dazu, nicht selten ist Scheitern sogar die Voraussetzung dafür, dass etwas anderes gelingt. Es sind in der Bibel jedoch nicht nur die Menschen, die an ihrer Bosheit scheitern, sondern es ist sogar Gott selbst, der sein Schöpfungsprojekt ertränken will: »Da reute es den Herrn, auf der Erde den Menschen gemacht zu haben, und es tat seinem Herzen weh« (Genesis 6,6).

Indem er Noah und seine Familie mit den Tieren rettet, schafft sich Gott die Möglichkeit, noch einmal neu anzufangen. Auch dieses Motiv zieht sich durch die Bibel: Gott scheitert und fängt immer wieder neu an. Das Scheitern Gottes und das Scheitern der Menschen hängen zusammen. Und es ist mehr als nur eine tragische Begleiterscheinung des Lebens, sondern oft sogar die Bedingung für einen guten Ausgang des Geschehens – und für einen unerwarteten Neuanfang. Wäre Jesus bis ins hohe Alter durchs Land gezogen, wäre er im ganzen Römischen Reich als erfolgreicher Wunderheiler bekannt geworden. Aber sein grausamer Tod, sein schreckliches Scheitern ist, nach dem Zeugnis des Neuen Testaments, zum Sieg über den Tod geworden.

Scheitern ist eine Ressource. Es kann Menschen zusammenbringen und ehrliche Begegnungen ermöglichen. So löst das Sprechen über das eigene Scheitern bei anderen Menschen oft Solidarität und Hilfe aus. Der Scheiternde wird zum Empfangenden und findet Nähe. Aber auch der Gebende wird beschenkt – mit einer Sinnerfahrung.

Seit einigen Jahren etablieren sich die sogenannten Fuck-Up Nights in Deutschland. In nahezu allen größeren Städten haben sie bereits Anhänger gefunden. Das Format stammt ursprünglich aus Mexiko. Es nahm seinen Anfang vor allem in Start-Ups, wurde dann aber auch von etablierten Firmen übernommen. Studierende, Angestellte und Berufseinsteiger finden in diesen Veranstaltungen Kraft. Fuck-Up-Nights wollen eine neue Kultur des Scheiterns etablieren. Sie sehen vor, das Thema Scheitern mit Leichtigkeit und auf humoristische Weise aufzugreifen. Etwas ernster formuliert könnte das Motto lauten: »Lerne aus Fehlern und akzeptiere sie.« Meist werden drei Sprecher eingeladen, die vertrauensvoll, ehrlich und mitunter auch selbstironisch von ihrer Geschichte des Scheiterns berichten. Jeder spricht etwa zehn Minuten. Dann dürfen die Zuhörer diese Speaker befragen. Nicht erlaubt ist, dass Scheitern zu verurteilen. Die Fragen zielen vielmehr darauf ab, das Erleben sprachfähig zu machen sowie Auslöser und Ursachen zu finden.

Die Haltung dabei: Im Scheitern sind wir getragen und lernen daraus. Fuck-Up-Nights ermöglichen die Erfahrung, dass das Scheitern viele verschiedene Gesichter hat: Schuldzusammenhänge, berufliche und finanzielle Niederlagen, das Scheitern beim Aufbau von Beziehungen ... Deutlich wird dabei auch, dass das Scheitern nicht das Ende bedeutet. Wir müssen es ernst nehmen, um daran zu wachsen. Wir dürfen es aber nicht so ernst nehmen, dass wir uns deshalb selbst nicht mehr lieben und nicht mehr angenommen fühlen. Frei nach Paulus: »Scheitern, wo ist dein Sieg?« (1 Korinther 15,55).

Eine Fuck-Up-Night in Gemeinden könnte Einzelnen die Gelegenheit geben, sich zu äußern. Es kann aber auch das gemeinsame Schicksal thematisiert werden. Durchaus humoristisch – bei Pizza und Bier oder auch online. Gebete könnten die Nähe Gottes im Erleben des Scheiterns erfahrbar machen.

Mutausbrüche

› Wo bin ich gescheitert?

› Was würde es bringen, darüber zu reden?

› Mit wem?

› In welchem Kontext?

› Warum ist das Scheitern eine Bereicherung für mein Leben?

18 Medien nutzen

Wenn Sie selbst einmal über Ihre Glaubensvorstellungen ins Nachdenken kommen wollen oder darüber und über deren eigene Ideen dazu mit anderen ins Gespräch kommen wollen, ist das Anschauen von Filmen eine gute Möglichkeit. Die Netflix-Serie »Messiah« (2019) und der Film »Das brandneue Testament« (2015) könnten dazu ein Ausgangspunkt sein.

Doch Vorsicht: beide Filme sind provokativ und verstören. Daher ist es sinnvoll, die Zuschauer etwas darauf vorzubereiten, was sie erwartet. Vielleicht kann man ihnen zum Schauen die Fragen mitgeben: Werden hier biblische Inhalte in den Dreck gezogen (»Das brandneue Testament«)? Ist das noch der christliche Messias, der hier gezeigt wird (»Messiah«)?

Beide Filme erzählen vom Leben mit seinen Sehnsüchten. Schöpfung, Vorsehung, Theodizee – die Frage, wie das Leiden in der Welt mit dem guten und allmächtigen Gott vereinbar sein könnte – Christologie, Eschatologie (die Hoffnung auf Vollendung), der Sinn des Lebens, alles das wird hier auf originelle und teils humorvolle Art (»Das brandneue Testament«) und mystische Weise (»Messiah«) thematisiert. Beide Filme aktivieren aber auch Ängste, die tief in uns stecken. Ein Gespräch dazu sollte deshalb diese Tiefendimensionen berücksichtigen. Es könnte den Fragen nachgehen: Was hat mich emotional berührt? Was fand ich anregend? Was macht mich nachdenklich? Was stört mich?

Beide Filme geben keine Antworten. Sie eröffnen eher Fragen. Gute Fragen im Gespräch über die Filme herauszuarbeiten, das wäre der Mehrwert einer Diskussion dazu.

»Das brandneue Testament«: Mit Frau und Tochter lebt »Gott« in Brüssel in einer beengten Wohnung und schikaniert seine Geschöpfe mit unsinnigen Regeln. Eines Tages reißt die Tochter von zu Hause aus. Sie trifft den Obdachlosen Victor und möchte mit ihm eine neue Apostelgeschichte schreiben.

»Messiah«: In Damaskus taucht 2019 ein Straßenprediger auf, der schnell Anhänger gewinnt. Er wirkt einige Wunder wie Jesus. Geheimdienste werden argwöhnisch. Geschäftsleute möchten ihn vermarkten. Enthüllungen sollen seine Glaubwürdigkeit erschüttern.

Mutausbrüche

› Mit wem möchte ich gemeinsam schauen und diskutieren?

› Soll es einer der beiden hier genannten Filme sein oder vielleicht ein ganz anderer?

› Was interessiert mich daran?

› Welche Fragen könnten bei der Diskussion helfen?

› Was denke, fühle, sage ich, wenn der Film nicht so gut ankommt?

19 Risikoübung

Wissen sie, was ein »Ropes Course« ist? Ein Seilgarten, also ein Aufbau von künstlichen Hindernissen aus Seil- und/ oder Stahlkabeln. Dieser kann als Hochparcours (10–15 Meter) oder als Bodenparcours (0,5 Meter) installiert sein. Erlebnispädagogisches Ausprobieren steht im Vordergrund, wobei keine Ansprüche an die körperliche Fitness gestellt werden. Oft geht es um Teamtraining oder Persönlichkeitsentwicklung. Sie können allein, mit der Familie oder auch mit Gemeindemitgliedern dort hingehen. Erlebnispädagogen und Sicherheitsexperten begleiten Sie. Den Schwerpunkt dessen, was Sie erproben wollen, können Sie im Vorfeld mit diesen abstimmen. Klassische Leitfragen sind zunächst in Bezug auf die Selbstwahrnehmung oder Bewertung: Wo liegen meine Stärken? Wie gehe ich mit Herausforderungen um? Wie nehme ich Kritik auf? Wie ausdauernd bin ich in schwierigen Situationen? Wie spreche ich über meine Gefühle? Wenn es um Zusammenarbeit und Team geht, könnten Sie sich mit Fragen zur Gruppendynamik, zur gegenseitigen Unterstützung, zum Feedback oder auch zum Anspruchsniveau beschäftigen.

Wenn wir unseren Glauben in enger Beziehung zu unseren existenziellen Anliegen und unseren Alltagserfahrungen erleben wollen, kann der Seilgarten ein besonderes Erlebnis sein. Das beginnt schon beim Prinzip der Freiwilligkeit: Keine und keiner darf zu etwas gedrängt werden. Bei der Auswertung der Erfahrungen können biblische Bilder herangezogen werden: »Da berühren sich Himmel und Erde« oder die Angst der Jünger beim Sturm auf dem See, der Glaube als Anker- und Festhaltepunkt, Teamgeist – Geisterfahrung im Team, Gleichgewicht – was bedeutet Ausgeglichenheit in meinem Leben?

Mutausbrüche

› Warum könnten mich Übungen im Ropes Course reizen? Was zieht mich dorthin, was hält mich davon ab?

› Welche Fähigkeiten, Begabungen, Talente könnte ich dort in mir entdecken?

› Welche Grenzen könnte ich dort überwinden?

› Sicherheit geben und Sicherheit erleben auf wackeligem Untergrund – wie kann das gelingen? Was bereitete mir Schwierigkeiten?

› Wie entscheide ich mich? Möchte ich das Abenteuer wagen oder nicht?

20 Hausgottesdienste? Aber bitte!

Der Gottesdienst in der Kirche mit seinem Gegenüber von Priester und Gemeinde ist vielen Menschen wichtig. Andere sagen, dass ihnen das nicht mehr gefällt. Man sitzt in einer harten Bank und muss sich anhören, was vom Priester vorgetragen wird. Kein eigener Beitrag, oft schale Kost – ohne, dass man sich dagegen wehren kann. Dabei sind wir doch als getaufte und gefirmte Menschen mündige Christen, die nur einen Meister und Lehrer haben: Jesus Christus (Matthäus 23,8–10).

Beim Hausgottesdienst gibt es viele Möglichkeiten zum eigenen Mitwirken: spontanes Beten, Austausch, das Teilen des Glaubens und auch des Brotes im Agape-Mahl (mit gutem Brot und gutem Wein). Wo solche Gottesdienste stattfinden, werden sie zumeist ohne Priester realisiert. Warum nicht auch mit einem Priester, der als Bruder mit allen Teilnehmenden in die Fragen hineingeht – auf Augenhöhe. Alle spüren, dass der Heilige Geist die Feier beseelt (vgl. 1 Korinther 12, 8–9 und 1 Korinther 14,26–33). So war es in der Urkirche, zum Beispiel in Korinth, wo sich die Gemeinde als kleine Hauskirche bildete.

Nach meiner Erfahrung werden Hausgottesdienste umso schöner, je einfacher sie gestaltet sind. Es geht nicht um komplizierte Abläufe und schon gar nicht um hohe Theologie, sondern darum, Zeichen zu setzen: eine Kerze, ein Kreuz, einen Bibeltext, einige Lieder und Gebete. Sie können auch die Tagestexte nehmen (im Internet leicht zu finden) oder entsprechende Vorlagen, beispielsweise von Ihrer Diözese (ebenfalls im Internet zu finden). Vor allem aber geht es darum, da zu sein – zu hören, sich in die Situation zu begeben, sich zu sammeln, zu spüren.

Vielleicht spüren manche eine Hemmschwelle, einen solchen Hausgottesdienst vorzubereiten und dazu einzuladen. Sie fragen sich: Finde ich die richtigen Worte? Wird das »Niveau« stimmen? Werde ich anecken? Blenden Sie diese Gedanken aus – tun Sie es einfach. Sich dabei in Ruhe und Gelassenheit zu üben, tut gut. Gott gibt das Übrige hinzu. Falls Sie so etwas noch nie gemacht haben: Gehen Sie es ganz ruhig und vertrauensvoll an, sowohl, was die Vorbereitung als auch die Durchführung betrifft. Und wenn es Ihnen wirklich schwerfällt, das Denken an ein Misslingen auszublenden: Suchen Sie sich Menschen, die schon mal einen Hausgottesdienst gefeiert haben (eventuell auch im Internet, wenn Sie niemanden persönlich kennen) und fragen Sie sie nach ihren Erfahrungen.

Mutausbrüche

› Mit wem würde ich einen Hausgottesdienst feiern wollen?

› Welches Thema bewegt mich? Welcher Text?

› Gibt es ein Schema, an dem ich mich orientieren möchte, zum Beispiel das der Vesper (im Gotteslob ab Nr. 627)?

› Welche Lieder wähle ich aus? Will ich im kleinen Kreis singen? Es geht auch ohne.

› Wen könnte ich zwecks Unterstützung ansprechen (Texte lesen, Brot mitbringen ...)?

21 Gott in seinem Wohnzimmer

Im schönen Hamburger Stadtteil Ottensen haben engagierte Menschen folgendes Setting in der dortigen Christianskirche realisiert (https://www.feinschwarz.net/wohnzimmerkirche/, 15.3.2020): Sofas und kleine Tische in der Kirche, eine Lampion-Girlande über der Empore, Limos, Bier und Wein auf umgedrehten Holzkisten, Kleinigkeiten zum Essen. Sie wollten eine Umgebung schaffen, die auch Menschen vertraut ist, welche gottesdienstlich eher wenig geübt sind. Also wurde sozusagen das Ambiente einer Hausparty in den Kirchenraum hineingetragen. Vor Beginn des Gottesdienstes kann schon ein wenig »geschnackt« werden. Jeder Gottesdienst, der ungefähr alle sechs Wochen stattfindet, hat ein eigenes Motto: »Ich sehe was, was du nicht siehst«, »Wenn Träume Mauern stürzen« oder »Vom Fallen & Fliegen«. Er besteht aus Liedern (Popsongs), biblischen Texten (in eigener Fassung) und Gebeten (frei). Immer geht es darum, die Berührungspunkte zwischen dem Heiligen und dem, was uns heute betrifft, zu finden. Gegen Ende werden aus einem alten Kaugummi-Automaten, dem »Fragomaten«, kleine Plastikkugeln gezogen, die Fragen zum Gottesdienstthema enthalten, wie zum Beispiel »Was war das Erste, das du heute Morgen gedacht hast?«, »Welche Figur in der Weihnachtsgeschichte wärst du wohl gewesen?«. Die Menschen setzen sich zu Kleingruppen zusammen und ziehen Fragen, anschließend kommen sie dazu ins Gespräch. Nach einiger Zeit werden zu leiser Musik Tische gedeckt, um miteinander eine Kleinigkeit zu essen. Ein Art

Abendmahl, ohne dass dies explizit so genannt wird. Dann kommen die Fürbitten in verschiedenen Varianten: Es werden Vornamen von Menschen aufgeschrieben, für die gebetet werden soll. Alle entzünden eine Kerze, die für all das steht, was Gott über einen selbst und die Liebe erfahren soll.

Ist das ein Gottesdienst? Ja und Nein. Es ist auf jeden Fall ein privilegierter Moment. Ein Zuhause in der Kirche.

Inspiriert Sie dieser Ansatz? Wichtig: Setzen Sie sich nicht unter Druck, etwas Großartiges schaffen zu müssen. Es kann etwas ganz Kleines sein. Echt und ehrlich sollte es sein – und damit gegebenenfalls ruhig auch etwas außerhalb des Gewohnten ...

Mutausbrüche

› Ganz aus dem Bauch heraus:
  Auf welche Form von Gottesdienst hätte ich Lust?

› Welche Bilder entstehen dazu in meinem Kopf?

› Wer würde mitmachen?

› In welchen Räumlichkeiten?

› Wen rufe ich jetzt gleich dazu an,
  um an dem Gedanken weiterzuspinnen?

22 Neues Denken macht stark

»Ich empfehle dem Papst und den Bischöfen, in ihre Leitungsgremien zwölf ungewöhnliche Menschen aufzunehmen. Menschen, die bei den Ärmsten sind, Jugendliche um sich haben und Experimente machen. Es braucht die faire Auseinandersetzung mit Menschen, die brennen, damit der Geist wehen kann«, so äußerte sich Kardinal Martini kurz vor seinem Tod im August 2012 (https://franziskaner.net/wp-content/uploads/2014/12/tauwetter13-1.pdf, 12.3.2020).

Die Vorteile dieses im Unternehmenskontext mit dem Begriff »diversity« verbundenen Gedankens liegen auf der Hand:

1. Mit unterschiedlichen Menschen kommen unterschiedliche Talente zusammen. Neues Wissen, neue Perspektiven und Erfahrungen sind äußerst fruchtbar für gemeinsame Projekte und Ziele.

2. Ein weiterer Nutzen ist die Steigerung der Kreativität und die Fähigkeit der Gruppe, ein breites Spektrum an Lösungen für ein bestimmtes Problem zu finden. Dabei ist es nicht nur die Kombination unterschiedlicher Persönlichkeiten, sondern die Reibung der Perspektiven, die Neues erzeugt.

3. Was gibt es Spannenderes als Menschen, die aus erster Hand von ihren ungewöhnlichen Erfahrungen erzählen? Der Austausch macht Spaß und erweitert den Horizont.

4. Gruppen, die als vielfältig wahrgenommen werden, gelten als attraktiv, fortschrittlich und tolerant. Sie ziehen andere Menschen an.

Warum also den Gedanken des Kardinals nicht auf die eigene Gemeinde anwenden? Zum Beispiel, indem Sie sich als Pfarrgemeinderat von solchen Menschen beraten und begleiten lassen. Warum nicht aktiv in der Stadt nach diesen Menschen suchen – innerhalb, am Rande und außerhalb der Kirche, zum Beispiel durch Annoncen und Zeitungsberichte?

Mutausbrüche

> In welchen Kreis in der Gemeinde möchte ich mehr Vielfalt einbringen (den Gemeinderat, die Erstkommuniongruppe, den Liturgieausschuss ...)?

> Wer fehlt? Junge? Experimentierfreudige Menschen? Kirchlich Distanzierte?

> Welchen Nutzen hätten die angesprochenen Menschen davon?

> Wie könnte eine Ansprache aussehen? Direkt (besonders wirksam)? Durch Werbemaßnahmen?

> Wie sollte eine (vielleicht nur projektbezogene) Zusammenarbeit aussehen?

23 Gönn dir einen Wüstentag!

Im Neuen Testament heißt es: »Dann wurde Jesus vom Geist in die Wüste geführt; dort sollte er vom Teufel versucht werden. [...] Darauf ließ der Teufel von ihm ab und siehe, es kamen Engel und dienten ihm« (Matthäus 4,1–11).

Eine solche »Wüstenerfahrung«, wie Jesus sie gemacht hat, kann auch heute eine Idee sein, sich auf die Spur zu kommen. Sie besteht darin, einen Tag so zu gestalten, dass wir unsere Achtsamkeit gut auf unseren Körper und Geist richten können. Dabei hilft eine bewusste Form des Verzichts (zum Beispiel Fasten, eine Reduzierung der sonst überbordenden Sinneseindrücke, kein Kontakt zu anderen Menschen ...). Das kann zu Hause geschehen, in einem Kloster oder auf einer Wanderung. Spannend ist, wohin die Wüstenübung uns innerlich führen kann. Wir bekommen es vielleicht nicht unbedingt wie Jesus mit dem Teufel zu tun, aber mit uns selbst. Das kann verstörende Gedanken mit sich bringen. Ähnlich dem, was Jesus passiert ist, kann es vorkommen, dass ich mich auf einmal leer und schwach fühle, und sich ein diffuses Gefühl der Frustration breitmacht. Vielleicht fühle ich mich auch weit weg von Gott und wünsche mir, er würde mir seine Gegenwart deutlicher zeigen. Die Zweifel an mir selbst und an Gott hängen miteinander zusammen. Zugrunde liegen ihm Fragen wie: Bin ich wichtig oder unwichtig? Bin ich geliebt oder nicht? Habe ich Einfluss oder kann ich gar nichts gestalten?

Mutig ist es, solche Fragen auszuhalten und nicht sofort Antworten zu erwarten. Aushalten heißt, die Gedanken kommen und auch wieder gehen zu lassen. Vielleicht hilft es, die Zweifel mit der Frage zu verbinden, was für mich fraglos gilt, also welches Lebensfundament für mich gegeben ist oder gegeben sein könnte. Das bedeutet Kontemplation: auf schnelle Schlussfolgerungen oder einfache Antworten zu verzichten. Kontemplation vermeidet das Urteil, weil Urteile meist mit egozentrischen Bedürfnissen im Zusammenhang stehen. Dies meint beispielsweise auch, nicht darauf zu schauen, was wir sind, sondern dass wir sind.

Jesu Fundament ist Gott. Sein Leben zeigt, wie es gelingen kann, aus ihm heraus zu leben – auch vor dem Hintergrund der Erfahrung, die mit dem Zitat des Psalms am Kreuz zum Ausdruck kommt: »Mein Gott, mein Gott, warum hast du mich verlassen?« (Markus 15,33). Es lohnt sich, im Rahmen eines Wüstentages den ganzen Psalm 22 einmal zu lesen und auf sich wirken zu lassen. Erahnt unser inneres Ohr den Atem Gottes?

Ein Wüstentag bietet vor allem die Chance, zu hören, zu lauschen, die Gedanken schweifen zu lassen, sich wenigen Reizen auszusetzen. Nicht »mit Pauken und Trompeten« (wie in der Liturgie), der »Zungensprache« (wie in den Pfingstgemeinden) oder durch geschliffene Worte (wie in der Theologie) erfahren wir etwas, sondern in der leisen Sprache des »verschwebenden Schweigens« (1 Könige 19,12) werden wir heimgesucht.

Mutausbrüche

› Habe ich Lust, mich als reinen Empfänger Gottes beredtem Schweigen hinzugeben?

› Möchte ich seinem Atemholen in einer Ödnis lauschen?

› Wie möchte ich meinen persönlichen Wüstentag einfach und schlicht gestalten? Als Wanderung? An einem ruhigen und einsamen Ort? In einer Kirche? In einem Parkhaus?

› Was nehme ich alles nicht mit – Handy, Geld ...?

› Was nehme ich (an wenigem) mit – Bibel, kleiner Text, Buch, gar nichts?

24 Gottlos glücklich?

In unserer Nachbarschaft steht bei einer Familie an der Haustür, dort, wo oft der von den Sternsingern angebrachte Segenswunsch zu finden ist, mit Kreide geschrieben: »Gottlos glücklich«. Ich erinnere mich noch genau an mein Gefühl, als ich diese Inschrift erstmals wahrnahm: Es tat weh. Zwei Gedanken schossen mir durch den Kopf. Der Erste: »Da will jemand provozieren und hält uns Christen für geistig minderbemittelte Menschen, die ihre Religion als eine Art Beruhigungsmittel brauchen.« Der Zweite – und das war vielleicht die tatsächliche Provokation: »Wenn das wahr wäre ... – ja, was wäre dann?« Bräuchte es dann das Ringen um Gott noch? Diese ewige Suche, das Aushalten der innerkirchlichen Konflikte, die wahrgenommen und erduldeten Defizite? Und die Hoffnung so vieler Menschen – auf Sand gebaut? Alles Schall und Rauch?

Stopp!, dachte ich mir dann. Woher weiß ich denn, dass das so gemeint ist? Ich folge Projektionen. Schließlich ist Gottlosigkeit auch ein Bekenntnis. Und was bedeutet Glück für diese Familie? Vielleicht kann ich von diesem Glücksverständnis noch einiges lernen: für mich persönlich zum inneren Wachstum, oder auch einfach nur, um etwas davon zu erfahren, wie diese Menschen »ticken«. Schließlich nehmen viele für sich in Anspruch, gottlos und zugleich glücklich zu sein, auch wenn sie es nicht an ihre Tür schreiben. Warum nicht hingehen, klingeln und fragen?

Es ist paradox: Christliches Leben meint nicht, sich von den Gottlosen zu distanzieren, sondern mit allen Menschen radikal solidarisch zu sein. Christus hat das Göttliche in der syro-phönizischen Frau erkannt, in den jüdischen Zolleintreibern, die mit dem römischen Reich zusammenarbeiteten, in Zeloten, die dieses bekämpften, in römischen Hauptleuten und so vielen anderen, die in irgendeiner Weise Schuld auf sich geladen hatten. Jesus hatte keine Probleme mit Fremd- und Andersartigkeit. Er ging auf die Menschen aktiv zu. Aus der Psychologie wissen wir: »Kontakt schafft Sympathie.«

Mutausbrüche

> Was provoziert mich im Hinblick auf meinen Glauben? Was macht mir Angst?

> Welche Personen gibt es, die dies in meinem Umfeld verkörpern?

> Wie könnte ich mit ihnen ins Gespräch kommen?

> Was möchte ich sagen, fragen?

> Was könnte mich an dem Dialog bereichern?

25 An Aufhören ist nicht zu denken

Ich vermute, dass viele Menschen sich ihr ideales Leben als möglichst lang und ruhig vorstellen, und dass Turbulenzen die Ausnahme sein sollen. Konflikte sind dabei unerwartete und unangenehme Ereignisse, die es zu verhindern gilt. Oft bemühen wir für diesen Traum das Wort »Harmonie«. Harmonie bedeutet nicht etwa Gleichklang, sondern Zusammenklang. Eine Harmonie wird dann spannend, wenn sie Gegenstimmen hat. Es braucht also zum Beispiel den Generalbass, der uns Halt gibt, der aber auch gezielt Reibung erzeugen kann. Der Zusammenklang im Konflikt wird dann fruchtbar, wenn wir anerkennen, dass es mehrerlei Vernunft gibt. Dass auch andere »Ordnungen« und Denksysteme erfahrungsgesättigt sein können und Geltung beanspruchen dürfen. Die Differenz der Individuen wird zunehmend akzeptiert und als »diversity« gewürdigt. Warum nicht ebenso der Dissens, der zum Denken anregt?

Dass wir uns absolut verstehen, wie wir uns das in den Gemeinden gerne glauben machen wollen, ist eher unwahrscheinlich. Auch die frühen Gemeinden haben sich im Rahmen von Konfliktdynamiken entwickelt. Das hat funktioniert, weil sie getragen wurden von einer gemeinsamen Hoffnung. Ein spannendes Beispiel dafür steht im 15. Kapitel der Apostelgeschichte. Es geht dabei um einen Konflikt zwischen Paulus und Menschen aus der Jerusalemer Urgemeinde, die aus Juden, die an Christus glauben, bestand. Man sah sich selbst als eine Art progressive Reformgruppe innerhalb des Judentums. Paulus aber hat nicht nur Juden, sondern auch Nichtjuden – in der Bibel »Heiden« genannt – auf seinen Missionsreisen getauft. Einige aus der Jerusalemer Gemeinde waren der Ansicht, dass diese Heiden zuerst Juden werden müssten, bevor sie Christen werden können, indem sie sich beschneiden lassen und die jüdischen Reinheitsvorschriften übernehmen. Paulus hat das völlig anders gesehen. Seine Position: Ich muss nicht Jude gewesen sein, um Christ werden zu können. Am Ende einigte man sich folgendermaßen: Beschneidung ist nicht notwendig, aber die Einhaltung gewisser jüdischer Reinheitsvorschriften schon. Wenn Sie diesen Vorgang in der Apostelgeschichte lesen, werden Sie das ganze recht harmonisch beschrieben finden. Schauen Sie aber mal, was Paulus selbst im Brief an die Galater (Kapitel 2) dazu schreibt. Da wird es recht scharf: Er spricht von den »eingeschlichenen trügerischen Brüdern [...], die ja nur gekommen waren, um unsere Freiheit auszuforschen« (Galater 2,4), denen er sich aber nicht unterworfen habe. Das Ergebnis wird etwas anders dargestellt: Es sei den Heiden nichts auferlegt worden, auch keine Reinheitsvorschriften. Man hat den Eindruck, dass es da ganz schön gekracht hat und der Konflikt nicht ganz sorgfältig gelöst wurde, da die Apostelgeschichte ein etwas anderes Bild zeichnet.

Was verbindet die Menschen weiter in Konflikten? Dass an Aufhören nicht zu denken ist. Es ist Energie da. Wir können es nicht lassen. Wir streiten uns, weil wir weitermachen wollen – nicht mit dem Streiten, sondern mit dem, für das wir streiten. Der Konflikt verbindet uns. In der Gemeinde ringen wir um eine gemeinsame Hoffnung und damit um eine gemeinsame Zukunft.

Das ist das Schmerzliche: Die vielen Menschen, die sich von der Kirche abwenden, erwarten keine Zukunft mehr von ihr und gehen deshalb mit ihr nicht mehr in den Konflikt. Somit ist es ein großes Problem, wenn keine Konflikte bestehen, beziehungsweise wenn diese unter den Teppich gekehrt werden. Die Rhetorik der Einigkeit, wie sie in vielen Gemeinden vorherrscht, ist letztlich eine Verunglimpfung des Konfliktes: Auseinandersetzungen werden als Aggression abgewertet, Kontroversen als Krach. All das gehört zu den größten Hemmnissen der Gemeindeentwicklung: Harmoniesucht oder auch das Schonen-Wollen und schließlich der Konflikt als Tabuzone. Das Ergebnis ist nicht Frieden, sondern eine Scheinsolidarität, Schweigen und falsche Lösungen. Eine vertane Chance. Denn solange wir uns noch streiten, sind wir verbunden. Wir haben den Konsens, dass wir einen Dissens haben. Wenn wir im Konflikt an die wichtigen Fragen herangehen, wenn wir ergebnisoffen sind und Wettbewerbe des Rechthabens vermeiden, wenn wir in Betracht ziehen, dass wir uns selbst auch irren könnten und die Meinung des anderen anerkennen, dann wird der Konflikt zur Lösung, um voranzukommen. Weder Einvernehmen noch die Durchsetzung von Wahrheiten kann das Ziel sein, aber Klartext, aus einer Haltung der Verbundenheit heraus. Auch sollten wir uns selbst nicht aus dem Konflikt heraushalten. Wir sind keine Beobachter. Nicht die anderen erzeugen die Konflikte – wir selbst sind Teil davon.

Mutausbrüche

> Wo schwelt etwas, das ich angehen möchte?

> Bin ich im Dissens den anderen verbunden?

> Was tue ich, dass der andere so handelt,
> wie er handelt?

> Wie kann ich Druck herausnehmen oder vermeiden?

> Wie kann ich das Thema klar und prägnant beim
> Namen nennen?

26 Lange Leitung

Wenn zum Beispiel in Zeiten von Pandemien oder aus anderen Gründen die Mobilität eingeschränkt ist und keine Gottesdienste möglich sind, an denen die Menschen persönlich teilnehmen können, sind Telefongottesdienste eine echte Alternative. Über eine Konferenzschaltung sind die Menschen verbunden. Das Hören steht dabei im Mittelpunkt und erzeugt eine eigene konzentrierte Atmosphäre.

Machen Sie sich nicht zu viel Mühe. Wählen Sie einen Text aus der Bibel aus. Überlegen Sie, was das Thema ist und wie Sie den Ablauf gestalten möchten. Welche Gebete könnten passen? Folgen Sie Ihren Gedanken und gestalten Sie frei.

Sie können sich auch an der Tagesliturgie der Katholischen Kirche beziehungsweise am Stundengebet orientieren. Zu beidem finden Sie in Verbindung mit dem Datum schnell die Texte und Abläufe im Internet. Ebenfalls im Internet finden Sie viele kostenlose Angebote, Telefonkonferenzen möglich zu machen. Versenden Sie die Einladung per E-Mail, postalisch oder per WhatsApp.

Folgendes sollten Sie beherzigen:

› Sprechen Sie ruhig und klar. Legen Sie sich den Text zurecht, wenn Sie noch wenig Erfahrung haben. Scheuen Sie sich nicht, abzulesen.

> Fragen Sie, wer in der Leitung ist. Notieren Sie sich die Namen, damit sie alle Menschen ansprechen können, zum Beispiel bei der Begrüßung und der Verabschiedung.

> Wenn es zu viele Hintergrundgeräusche gibt, sprechen Sie das gleich und freundlich an. Fragen Sie, ob die Stummtaste betätigt werden kann.

> Binden Sie, wenn möglich, andere ein, die einen Text lesen oder singen.

> Gemeinsames Singen funktioniert nicht, da die Übertragung zu ungleichzeitig erfolgt. Überlegen Sie sich stattdessen, ob Sie selbst oder andere Personen Lieder vorsingen möchten.

> Alternativ kann die Liedmelodie auch am Klavier oder mit der Flöte gespielt werden. Der Text wird im Anschluss gemeinsam gesprochen (zum Beispiel aus dem Gotteslob).

> Ermuntern Sie dazu, Fürbitten frei zu sprechen – bereiten Sie selbst aber auch einige vor, falls nur wenige den Mut haben, sich zu äußern.

> Halten Sie kleine Gesprächspausen aus.

> Bleiben Sie im Ablauf entspannt, auch wenn akustische Störungen entstehen.

> Freuen Sie sich über jeden, der kommt – auch wenn es nur wenige sind.

Hier finden Sie als Beispiel den Grobplan eines Gottesdienstes, der von der Dessauerhaus Gemeinde in Frankfurt, einer kleinen katholischen Personalgemeinde, gestaltet wurde:

Donnerstagsgottesdienst

(frei nach der Ordnung der Vesper)

Eröffnung
Begrüßung
»O Gott komm mir zu Hilfe ...« (Eröffnung Stundengebet)

Psalm
von einem Paar wechselweise gesprochen

Lesungen
1. Lesung
Alleluja
2. Lesung - Evangelium

Gesprächsrunde
Freie Gedanken zu den biblischen Texten
Kurze Einleitung und Moderation durch Gottesdienstleitung (Beiträge nach Teilnehmerliste reihum, wenn jemand nichts sagen will, gibt die Person einfach weiter).

Fürbittrunde
Einleitung, Moderation (nach Teilnehmerliste)

Vater Unser
eine Person spricht

Magnificat
eine Person spricht

Segen

Abschluss

Fragen Sie auch einmal in Ihrer Gemeinde nach, vielleicht gibt es Menschen, die schon einmal einen Telefongottesdienst gestaltet haben oder bereit sind, (mit Ihnen zusammen) einen solchen vorzubereiten. Oder fragen Sie bei den Ansprechpersonen in der Gemeinde nach, mit wem Sie das gemeinsam machen könnten.

Mutausbrüche

› Mit wem würde ich einen solchen Gottesdienst gerne ausprobieren?

› Welchen Bibeltext würde ich ins Zentrum stellen – den Text des Tages?

› Wie könnte der Ablauf aussehen?

› Wie lade ich ein – per E-Mail-Verteiler, per Website? Persönlich telefonisch?

› Wer könnte eine aktive Rolle übernehmen?

27 Onlinegottesdienst mit Pfiff

Hier gilt Ähnliches wie für den Telefongottesdienst: Bereiten Sie sich entspannt vor und lassen Sie sich von den Gedanken, die Ihnen kommen, leiten. Machen Sie sich keinen Stress, sondern betrachten Sie den Gottesdienst als experimentelle Erfahrung, die Gott begleiten wird. Wenn etwas nicht funktioniert, macht das nichts. Nehmen Sie es mit Humor und Leichtigkeit – auch wenn es etwas dauert, bis alle die Technik im Griff haben. Wir leben in einer Zeit der Experimente.

Wählen Sie eine Einleitung, in der Sie herzlich begrüßen und das Hauptthema des Gottesdienstes kurz beschreiben. Beschließen Sie die Einleitung zum Beispiel mit einem Gebet und/oder einem Lied. Lesen Sie einen kurzen Bibeltext. Laden Sie dann zum Austausch ein. Bereiten Sie selbst einige kurze Gedanken dazu vor, falls nach der Einladung zum Austausch niemand etwas sagen möchte. Oft ist es gut, an dieser Stelle ein Lied einzubringen. Ähnlich können Sie es mit den Fürbitten machen: alle einladen, selbst aber auch etwas vorbereitet haben. Wichtig sind ein Abschlussgebet und ein Segen sowie ein Musikstück am Ende des kleinen Gottesdienstes.

Die meisten Dienste für Videokonferenzen erlauben es, während des Gottesdienstes über Screensharing schöne Bilder zu zeigen. Auch Musik kann für alle gut hörbar abgespielt werden. Gemeinsames Singen funktioniert wegen der unterschiedlichen Übertragungsgeschwindigkeiten in der Regel nicht. Im Internet finden Sie viele Lieder aus dem Gotteslob, welche Sie stattdessen abspielen können.

Im kleinen Kreis sollten Sie eine Generalprobe durchführen, um technische Schwierigkeiten unwahrscheinlicher zu machen. Zudem sollten sie vor dem Gottesdienst mit den Teilnehmenden etwa zehn Minuten für technische Fragen und »Spielregeln« einplanen (zum Beispiel Ausschalten des Mikrofons, Einschalten des Videos und so weiter).

Viele Videokonferenzanbieter bieten befristet eine kostenlose Nutzung für kleine Gruppen an (suchen Sie zum Beispiel im Internet nach »kostenlose Videokonferenz-Tools«).

Mutausbrüche

› Wer kann mir bei der Vorbereitung helfen?

› Welches Tool möchte ich nutzen?

› Mit wem mache ich die Generalprobe?

› Welche Bilder möchte ich zeigen/einspielen?

› Welche Musik wähle ich aus?

28 Gastfreundschaft – digital

Das Lebens Jesu beginnt mit einem Mangel an Gastfreundschaft, »weil in der Herberge kein Platz für sie war« (Lukas 2,7). Diese Erfahrung steht in scharfem Kontrast zur Gastfreundlichkeit, wie sie im biblischen Kulturkreis selbstverständlich gelebt wurde. Dementsprechend war auch die Haltung Jesu durch und durch einladend. Umgekehrt war er auf seiner Wanderschaft aber auch immer wieder selbst auf Gastfreundschaft angewiesen. Gastfreundschaft ist also eines der wichtigen Themen der Bibel. Oft kommt es bei der Pflege dieser Haltung zu Begegnungen mit anderen Lebensstilen und Ansichten. Gleichzeitig ist Gastfreundschaft aber auch Ausdruck von Lebensfreude. Die freudige Begegnung mit dem anderen kann zum Schlüssel für reiche, lang nachwirkende Erfahrungen werden.

Von daher liegt es nahe, wenn nach dem Segensgebet und dem Schlusslied in vielen Kirchen und Gemeinden die Gemeinschaft nach dem Gottesdienst bei einer Tasse Kaffee fortgesetzt wird. Auf der ganzen Welt wird das so gehandhabt. Wie aber ist das bei Fernseh- oder Streaming-Gottesdiensten möglich? Erfahren wir dabei Gastfreundschaft, wie sie in der Eucharistie gefeiert wird?

Ein Gefühl der Verbundenheit kann entstehen, wenn wir wissen, dass Freunde, Verwandte, Gemeindeglieder in diesem Moment ebenfalls der Gottesdienstübertragung folgen. Und vor allem, wenn Sie wissen, dass Sie sich nach dem Gottesdienst sehen und/oder hören werden. Denn auch hier ist ein Kirchenkaffee, auch hier ist Gastfreundschaft möglich: mittels Video- oder Telefonkonferenz. Über die Predigt, aber auch über dies und das zu reden ist schön – nach einer medial vermittelten Erfahrung, die man gemeinsam, wenn auch räumlich getrennt, gemacht hat.

Dabei gilt wieder: Sorgen Sie sich nicht. Moderieren Sie so, dass die Redeanteile ungefähr gleich verteilt sind. Sprechen Sie Menschen direkt an. Laden Sie humorvoll dazu ein, dass sich alle ihren Kaffee, Tee oder Keks selbst mitbringen, dann wird der digitale Kirchenkaffee schon in Gang kommen.

Vielleich hat Ihre Gemeinde einen E-Mail-Verteiler, den Sie für die Einladung nutzen können. Schauen Sie auf der Website nach beziehungsweise rufen Sie im Pfarrbüro an.

Mutausbrüche

› Welcher Gottesdienst käme für einen anschließenden Kaffee infrage?

› Wen möchte ich einladen? Wer würde sich freuen? Wie komme ich an die Kontaktdaten?

› Wer kann mich unterstützen?

› Wie könnte ein einfacher Einladungstext lauten?

› Möchte ich, falls möglich, den zelebrierenden Pfarrer auch einladen?

29 Telefonanrufe gegen Einsamkeit

Es gibt sie zu Tausenden in Deutschland, und es werden immer mehr: einsame Menschen. Die sogenannte Einsamkeitsquote der 45- bis 84-Jährigen stieg laut Bundesregierung in 6 Jahren um 15 Prozent. Im Jahr 2017, also vor der Pandemie, fühlten sich laut einem Bericht der Bundesregierung vom Mai 2019 9,2 Prozent der Menschen dieser Altersklasse einsam. Diese Menschen haben die Erfahrung gemacht, dass kaum jemand mit ihnen redet, dass sie selten eingeladen werden und sie sich nicht zugehörig fühlen. Sie haben den Eindruck, nicht liebenswert zu sein und auf andere in irgendeiner Weise unattraktiv zu wirken.

Vielleicht kommen Ihnen Menschen in den Kopf, die sich einsam fühlen könnten, die eventuell sozial isoliert sind – einer der Hauptgründe für Einsamkeit. Vielleicht nehmen Sie diese in der Nachbarschaft wahr, beim Gottesdienstbesuch, beim Einkaufen ... Ermöglichen Sie solchen Menschen eine Kontrasterfahrung. Ungefragt und unaufgefordert. Drängen Sie sich nicht auf, aber gehen Sie aktiv und frohentschieden auf sie zu.

Wenn Sie den Namen der betreffenden Person wissen, schauen Sie im Internet nach der Telefonnummer. Wenn sie dort zu finden ist, dürfen Sie als Privatperson auch anrufen. Stoppen Sie Ihre Zweifel, ob Sie wirklich anrufen sollten. Tun Sie es einfach – auch ohne konkreten Anlass. Fragen Sie, wie es Ihrem Gegenüber geht und hören Sie dann einfach zu. Sie werden spüren, wie die angerufene Person das aufnimmt. Wenn Sie unsicher sind, fragen Sie einfach, ob Sie wieder anrufen dürfen.

Mutausbrüche

› Begegnet mir regelmäßig jemand, der immer alleine ist?

› Traue ich mich, die Person einfach anzusprechen und im Lauf des Gespräches nach dem Namen zu fragen?

› Vielleicht frage ich auch gleich, ob ich einmal anrufen darf?

› Bin ich mir bewusst, dass Zuhören für diese Menschen noch wertvoller ist, als wenn ihnen etwas erzählt wird?

› Habe ich Interesse an deren Lebensgeschichte?

30 Sich einmischen – mitmischen

In den Gemeinden wird viel geredet: über die Predigten, die Musik, die Kirchenpolitik, über das letzte Gemeindefest ... Aber erfahren die, die es betrifft, auch davon? Intuitiv setzen wir meist voraus, dass andere ihre Wirkung auf uns kennen und diese auch beabsichtigen. Oder wir gehen davon aus, dass wir als Empfänger nicht wirklich relevant sind, wenn es um Feedback und Einschätzungen geht. Und natürlich möchten wir niemanden verletzten und verzichten deshalb gerne auf eine kritische Rückmeldung. Letztlich bedeutet dies eine doppelte Geringschätzung: Wir werten uns selbst ab, indem wir unsere Einschätzung als nicht maßgeblich betrachten. Wir werten aber auch die anderen ab, indem wir ihnen das Interesse daran oder auch eine Entwicklungsbereitschaft und -fähigkeit absprechen. Dennoch suchen wir den Austausch: Es wird übereinander gesprochen statt miteinander. Nicht selten abwertend. Das schafft Gemeinschaft mit meinem Gesprächspartner und verbindet – und ist dennoch nicht das, was unserem Bild von Gemeinde entspricht.

Rückmeldung ist unerlässlich, wenn etwas lebendig sein soll. Miteinander zu reden ist auch fairer, als übereinander zu reden. Zum Beispiel, indem wir den Menschen, die den Gottesdienst leiten, Feedback geben. Und zwar persönlich. Oder wenn wir dem Bischof einen Brief mit Anregungen schreiben, mit unseren Wünschen, Ideen und Eindrücken – positiv wie negativ. Wichtig ist, konstruktive und konkrete

Vorschläge zu machen und nicht zu denunzieren. Auch unsere Gesprächspartnerinnen und Gesprächspartner wollen ermutigt sein, denn alle Menschen machen Kirche. Eine einfache Methode, das hinzubekommen, ist das »geWIEVte« Feedback. Eine Methode, die ganz leicht umzusetzen ist und die ermutigende Rückmeldungen erzeugt:

W wie Wahrnehmung

> Was habe ich an meinem Gegenüber beobachtet, gesehen, gehört?

> Wie stellen sich die Situation und das Verhalten meines Gegenübers sachlich betrachtet dar?

Zum Beispiel: »Ich habe gesehen, dass du gleich zum Mikrofon gegriffen und unsere Veranstaltung eröffnet hast. Dabei hatten wir verabredet, dass das Uli machen soll.«

I wie Interpretation

> Wie erkläre ich mir die Situation und das Verhalten meines Gegenübers?

Zum Beispiel: »Ich vermute, dass du unsicher warst, ob Uli das macht. Es hat dir zu lange gedauert, und da hast du es lieber selbst in die Hand genommen.«

E wie Empfindung

> Welche Gefühle haben das Verhalten und die Situation in mir ausgelöst? Freude, Schmerz, Wut, Angst ...

Zum Beispiel: »Das hat mich total überrascht, weil ich fand, dass Uli das gut im Griff hatte. Und ich war auch enttäuscht, weil wir das anders besprochen hatten.«

V wie Verhaltenswunsch

› Wie könnte es besser laufen?

› Was wäre mein Wunsch?

Zum Beispiel: »Ich fände es gut, wenn du bei der nächsten Veranstaltung unsere Vereinbarungen einhältst und mir vorher mitteilst, wenn du Bedenken hast.«

Formulieren Sie Ihren Wunsch konkret und nicht als Erwartung. Die andere Person sollte spüren, dass sie frei ist zu entscheiden, wie sie mit Ihrem Feedback umgehen möchte.

Mutausbrüche

› Wem möchte ich Feedback geben?

› Warum möchte ich das? Mit welcher Absicht?

› Was möchte ich vermitteln?

› Was denke ich, welche Gefühle durch das Feedback bei meinem Gegenüber entstehen?

› Wie kann ich positive Gefühle im Rahmen des Feedbacks auslösen? Wie kann es als echte Unterstützung beim anderen ankommen?

31 Geistliche Freundschaft

Bestimmt haben Sie Freundinnen und/oder Freunde. Was wir jeweils unter Freundschaft verstehen, ist kaum in Worte zu fassen und bedeutet vielleicht auch für jeden Menschen etwas anderes. Im Kern geht es aber darum, dass wirkliche Freundschaft an unser Innerstes heranführt. Sie gibt uns Halt, ermutigt uns, verführt uns zu Neuem, tröstet und hilft.

Haben Sie schon einmal daran gedacht, Ihre Freundschaft segnen zu lassen? Vielleicht durch einen Priester oder einen anderen Christen, eine andere Christin. Das würde bedeuten, im kleinen Kreis Zeugnis für die Dankbarkeit zu geben, die Sie für Ihre Freundschaft empfinden, und sie unter Gottes Schutz zu stellen. Möglich wäre das im Rahmen einer kleinen Feier, die Sie gemeinsam gestalten und in der Sie Ihre Freundschaft vor Gott und (wenn Sie mögen) einen ausgewählten Kreis von Menschen stellen.

Sie stünden damit in kirchlicher Tradition. Vor allem im Osten wurde über Jahrhunderte die sogenannte »Adelphopoiesis« gepflegt, die rituelle Verbrüderung – oder auch die »Verschwesterung« (slawisch *posestrinstwo*). Außerhalb von Ehe oder Verwandtschaft angesiedelt, wurde die Freundschaft liturgisch besiegelt. Das ist am ehesten noch vergleichbar mit einer wechselseitigen Taufpatenschaft. Im Zentrum steht das öffentliche Versprechen zu freundschaftlicher Liebe und Treue und dem Beistand in der Not sowie dem Gebet für den jeweils anderen. Traditionell treten die befreundeten Personen in der Kirche vor den Altar mit Kreuz und Evangelium. Gebete, Litaneien und Beispiele von Freundschaften aus Bibel und der Geschichte der Kirche veranschaulichen das Ideal und stellen die Verbindung zu Gott her.

Das Freundschaftspaar wandelt dabei dreimal um den Altar. Die Gemeinde zitiert dabei Psalm 133,1: »Wohlan, wie gut und wie mild ist es, wenn Brüder einträchtig beieinander wohnen!«

Bei diesen Lebensbündnissen handelt es sich um geistliche Freundschaften und damit um eine sehr ernstzunehmende Form christlichen Lebens, die manchmal bis in den Tod reicht, beziehungsweise bis hin zur gemeinsamen Ruhestätte, wie zum Beispiel bei Franziskus und Klara von Assisi.

Wenn Sie sich eine solche Segnung vorstellen können, sollten Sie sich in der Gestaltung frei fühlen. Sie muss keinem Ritus folgen, sondern kann ganz so aussehen, wie es sich für Sie stimmig anfühlt. Besonders schön kann es aber sein, dies explizit im Kontext der Gemeinde zu tun. Lassen Sie sich von einer Seelsorgerin oder einem Seelsorger beraten und wählen Sie eine Form, die Ihnen gefällt und zu Ihnen passt.

Mutausbrüche

› Was bedeutet Freundschaft für mich?

› Mit wem darf ich diese Freundschaft erfahren?

› Mit wem möchte ich die Freundschaft intensivieren?

› Was würde eine Segnung für mich und die andere Person bringen?

› Wie könnte ich mir eine Segnung vorstellen?

32 Schwierige Fragen helfen weiter – auch wenn es keine einfachen Antworten gibt

Wenn wir in unserer Gesellschaft als Christen sprachfähig sein und bleiben wollen, müssen wir uns »den härtesten Anfragen aussetzen, die zu finden sind«, so der Theologe Magnus Striet in einem Gespräch anlässlich des einhundertsten Geburtstages des Philosophen Hans Blumenberg. Striet meint, dass wir in kirchlichen Kreisen oft die schwierigsten Fragen, die aber dennoch naheliegend sind, vermeiden: Wie können wir an einen Gott glauben, der sich für uns Menschen interessiert, wo doch die Erde im unendlichen kalten Universum überhaupt keine Rolle zu spielen scheint? Warum ließ Gott seinen Sohn am Kreuz so grausam sterben? Wie kommt es zu dem Leid und der Ungerechtigkeit in der Welt? Warum ist mein eigenes Schicksal so, wie es ist – und nicht anders? Warum wird die Kirche von so schweren Krisen heimgesucht?

Vielleicht gibt es nicht immer Antworten auf solche Fragen. Aber die Fragen sind da, sie sind Realität. Und sie betreffen die Realität. Diese sollten wir nicht ausblenden, sonst sind wir wie ein Satellit, der den Funkkontakt zur Erde verliert, keine Steuerung mehr hat und irgendwann verglüht. Stellen wir uns diesen Fragen, die andere auch stellen. So bleiben wir mit den Menschen und der ganzen Welt, der Schöpfung, in Kontakt.

Mutausbrüche

> › Welche »harten Anfragen« habe ich?

> › Was entdecke ich, wenn ich mich diesen Anfragen stelle?

> › Möchte ich die Fragen vor Gott tragen?

> › Was bedeutet es für mich, wenn die Fragen offenbleiben?

> › Mit wem könnte ich wie darüber sprechen?

33 Hoffnung!

»Seid stets bereit, jedem Rede und Antwort zu stehen, der von euch Rechenschaft fordert über die Hoffnung, die euch erfüllt« (1 Petrus 3,15).

Es ist unter den Forschern umstritten, wer der Autor des 1. Petrusbriefes war und wann er geschrieben wurde. Vermutlich irgendwann in der zweiten Hälfte des ersten Jahrhunderts nach Christus. Als Ort wird Rom angenommen, das in 1 Petrus 5,13 mit dem Decknamen »Babylon« belegt wird. Es geht also um Menschen in der Fremde, die von Nicht- oder Andersgläubigen umgeben sind. Damals war das die hellenistisch-römische Kultur. Heute könnte man als Vergleich zum Beispiel Berlin heranziehen, eine Stadt, die häufig als ausgesprochen atheistisch beschrieben wird.

In einem solch fremden Umfeld lebt eine kleine Gemeinde, in der jeder seine Talente und sein Können einbringt, und die noch kein Bischofsamt kennt. Die jüdische Tradition ist stark spürbar, vielleicht, weil der Verfasser des Briefes im Judentum verwurzelt ist. Die Gemeinde steht noch ganz am Anfang, sie setzt auf Gott und das Kommen seines Reiches und erfährt dabei in fremder Umgebung wohl auch Leid. Sie eckt an, indem sie sichtbar wird. Vermutlich nicht, weil die Gemeinde irgendetwas zur Schau trägt, sondern aufgrund ihres Lebensstils.

Es wird eine Andersartigkeit wahrnehmbar, die Blicke auf sich zieht. Vielleicht auch forderndes Nachfragen: »Was soll das, was macht ihr da? Seid ihr verrückt?« In solchen Situationen schlägt der Autor nun vor, von der Hoffnung zu erzählen, die in uns ist!

Mutausbrüche

› Was ist meine Hoffnung heute?

› Was könnte ich davon erzählen?

› Wie?

› Wem?

› In welchen Situationen?

Es ist Zeit!

»Wenn ich die Phrase ›langer Atem‹ höre, bekomme ich das Kotzen« – diese drastischen Worte fielen bei einer Nachlese zum Synodalen Weg im Haus der katholischen Kirche in Stuttgart laut Stuttgarter Zeitung vom 10.3.2020. Frustration, aber auch Wut und Ungeduld sprechen aus diesen Worten. Sie drängen zum Handeln und sind weder Ausdruck eines Unglaubens noch eines Vermeidens von schwierigen Klärungsprozessen. Vielmehr sind viele Menschen mit dem Warten auf Weichenstellungen »von oben« am Ende. Sie sind tief enttäuscht. Von der Kirche als hierarchischer Institution erwarten sie nichts mehr.

Jesus hat nicht auf das Handeln von anderen gewartet. Stattdessen war er im Jetzt aktiv. Dabei war auch die Zeit, in der er gelebt hat, schwierig und von starken Bedrängnissen geprägt. Leicht haben wir dann zu stark die sorgenvollen Zukunftsfragen im Blick und zu wenig die Chancen der Gegenwart. Schließlich ist unsere Zukunft auch ein Resultat aus dem, was wir jetzt tun. Denn Gott ist auch jetzt, heute da. Wohin er uns führt, können wir manchmal erahnen. Oft wissen wir es nicht. »Wer sucht, der findet«, heißt es bei Matthäus (Matthäus 7,8). »Mit dem Himmelreich ist es wie mit einem Schatz, der in einem Acker vergraben war.

Ein Mann entdeckte ihn und grub ihn wieder ein. Und in seiner Freude ging er hin, verkaufte alles, was er besaß, und kaufte den Acker« (Matthäus 13,44). In dem Gleichnis geht es um Schätze, die von Motte und Wurm nicht angenagt werden können (vgl. Matthäus 6,19), um die Suche nach Glück und Sinn. Und um die Sehnsucht nach etwas Größerem, nach dem, was man nicht sieht und auf das man voll setzen kann.

Nicht selten finden wir dabei etwas anderes, als wir erwartet haben. Im Englischen gibt es dafür einen eigenen Begriff: »serendipity« – glücklicher Zufall. Uns fällt etwas zu, was wir ursprünglich nicht gesucht haben, das sich aber als überraschende und wertvolle Entdeckung erweist. Oft liegen die Schätze direkt vor unserer Haustür, in der Nachbarschaft oder in unserer Kirchengemeinde. Auch wenn beispielsweise die Gemeinde äußerlich wenig lebendig wirkt: Solange noch Menschen hingehen, ist dort auch eine Sehnsucht. Aus Begegnungen können sich spannende und erfüllende Momente ergeben – »Entzündungsmomente«. Um diesen Schatz zu finden, muss ich allerdings wahrnehmen wollen. Es geht gar nicht so sehr um Tun, vielmehr um Sehen, Hören, Fühlen – um Dasein. Wenn ich stattdessen innerlich unversöhnt bin und Gedanken daran nachhänge, wie schrecklich alles ist, sehe und höre ich nicht mehr so gut. Hier hilft es, die Aufmerksamkeit auf das zu lenken, was ist. Das kann Überwindung und eine bewusste Entscheidung verlangen. insofern ist der christliche Glaube eine Mutprobe.

› Worauf möchte ich nicht mehr warten?

› An welchen Orten, bei welchen Gelegenheiten möchte ich besonders offen für Schätze sein?

› Wie kann ich mich selbst daran erinnern, in vermeintlich unattraktiven Situationen »mit versöhntem Herzen« (Frère Roger Schutz) da zu sein?

› Was – denke ich – löst das bei anderen aus?

› Welche »Schätze« habe ich gestern nicht erwartet, aber heute gefunden?

In Sandalen –
Schreiben Sie das Buch fort!

Bestimmt haben Sie noch weitere Ideen. Eigene Ideen. Noch bessere, weil Sie zu Ihnen persönlich passen. Und bestimmt auch solche, die Sie mit anderen gemeinsam angehen wollen. Vielleicht haben Sie Lust, sich in Ruhe hinzusetzen und sich zu sammeln, zu überlegen, was Sie bewegt, was Sie umtreibt, was Sie ändern oder angehen oder leben möchten.

Besonders spannend finde ich Markus 6,8–9: »Und er gebot ihnen, außer einem Wanderstab nichts auf den Weg mitzunehmen, kein Brot, keine Vorratstasche, kein Geld im Gürtel, kein zweites Hemd und an den Füßen nur Sandalen.«

Diese archaische Botschaft geht an die Grenze. Sie verweist auf den totalen Verzicht, aber auch auf das grundlegende Vertrauen, dass sich immer neue Geschenke am Wegesrand finden lassen. Es braucht dafür keine besonderen Fähigkeiten. Auch keine bestimmte Funktion, Status oder Geld. Ebenso braucht es keinen Plan. Man muss sich nur auf den Weg machen und einen Fuß vor den anderen setzen. Dann passiert etwas: Begegnungen, Erlebnisse, Neues, Veränderung, Freundschaft, Gemeinschaft. Alles Geschenk.

Literaturverzeichnis

Bauer, Christian, & Sorace, Marco (Hrsg.): *Gott anderswo? Theologie im Gespräch mit Michel de Certeau*, Stuttgart 2019.

Berger, Klaus: *Kommentar zum Neuen Testament*, Gütersloh 2011.

Biesinger, Albert: *Den geöffneten Himmel feiern*, in: Christ in der Gegenwart, Nr. 24/2020, S. 263 (14. Juni 2020).

Caillé, Alain: *Anthropologie der Gabe*, Frankfurt am Main 2008.

Cevey, Bernhard: *Das Ende der Anweisung. 6 Leadership-Tools für wirksame Führung heute*, Offenbach 2017.

Chuchra, Ulrike: *Und hinterher ein Tässchen Kaffee. Tipps, Anregungen und Rezepte für den Gemeindekaffee*, Witten 2008.

Dweck, Carol: *Selbstbild. Wie unser Denken Erfolge oder Niederlagen bewirkt*, München 2017.

Flügge, Erik: *Der Jargon der Betroffenheit. Wie die Kirche an ihrer Sprache verreckt*, München 2016.

Lohfink, Gerhard: *Gegen die Verharmlosung Jesu*, Freiburg im Breisgau 2013.

Medien-Dienstleistungs-GmbH (Hrsg.): *Milieuhandbuch »Religiöse und kirchliche Orientierungen«*, München, 2006.

Negel, Joachim: *Freundschaft. Von der Vielfalt und Tiefe einer Lebensform*, Freiburg im Breisgau 2019.

Otto, Rudolf: *Das Heilige*, München 1917.

Rahner, Karl: *Das Dynamische in der Kirche*, Freiburg im Breisgau 1958.

Rahner, Karl: *Die unverbrauchbare Transzendenz Gottes und unsere Sorge um die Zukunft*, Zürich 1980.

Röser, Joachim: *Nicht Familie, aber Heimat*, in: Christ in der Gegenwart, 27/2020, S. 292 (5.7.2020).

Rössler, Beate: *Autonomie. Ein Versuch über das gelungene Leben*, Berlin 2017.

Schulz von Thun, Friedemann: *Miteinander reden*, Hamburg 1993.

Schüssler, Michael: *Mit Gott neu beginnen. Die Zeitdimension von Kirche in ereignisbasierter Gesellschaft*, Stuttgart 2013.

Sperber, Manès: *Alfred Adler oder das Elend der Psychologie*, Wien 1970.

Ury, Wiliam: *Getting to Yes with yourself*, New York 2015.

Anregungen

Weiterführende Literatur

Grün, Anselm: *Leben und Beruf. Eine spirituelle Herausforderung* (Edition Anselm Grün, Band 2), Münsterschwarzach 2017.

Grün, Anselm: *Trau dich, neu zu werden. Verwandeln statt verändern*, Münsterschwarzach 2016.

Halík, Tomás: *Ich will, dass du bist*, Freiburg im Breisgau 2015.

Rault, Claude: *Die Wüste ist meine Kathedrale*, St. Ottilien 2011.

Rohr, Richard: *Alles trägt den einen Namen. Die Wiederentdeckung des universalen Christus*, Gütersloh 2019.

Weblinks

Melden Sie sich gerne mit Feedback, Diskussionsbeiträgen, Rückfragen oder Ähnlichem: tobias.heisig@gmx.de

Perspektivwechsel und Austausch, das ist der Anspruch von »Kirche im Dialog«. Die Blickrichtung »outside in« erzeugt Kreativität und regt zu innovativen Projekten an: www.kircheimdialog.de/

Für diejenigen, die intellektuelle Anregungen gut verständlich aufbereitet suchen: Das theologische Feuilleton analysiert Themen der Zeit aus theologischer Perspektive:

www.feinschwarz.net

Eine Plattform für neue Formen des Kircheseins. Dabei wird erfahrbar, warum und wozu Kirche eigentlich da ist:

www.pastorale-innovationen.de

»Yeet« ist ein Ausruf der Freude, ein verlängertes »Yes«. Hier zeigen sich Menschen, die begeistert und offen für ihren Glauben und ihre Werte einstehen:

https://yeet.evangelisch.de/

Danksagung

Danken möchte ich Albert Biesinger, der mich in einem nächtlichen Telefonat dazu ermutigt hat, die Mutausbrüche aufzuschreiben. Ebenso der Dessauerhausgemeinde Frankfurt am Main, einer Personalgemeinde, die seit 1972 vierzehntägige Gottesdienste selbst organisiert. Sie ist bis heute eine Kraftquelle für mich, seit Kindesbeinen an. Auch danke ich sehr herzlich Marlene Fritsch für ihr engagiertes Lektorat.

Gesine Palmer

Vielfalt statt Konsens in den Religionen

Vier-Türme-Verlag

Gesine Palmer

**Vielfalt statt Konsens
in den Religionen**

175 Seiten, gebunden
ISBN 978-3-7365-0405-9

Wenn es um den interreligiösen Dialog geht, ist häufig die Rede vom Konsens, auf den man sich verständigen müsse. In der Realität ist das aber eher ein Problem von wenigen, während die große Mehrheit der Gläubigen längst respektvoll die Unterschiede akzeptiert. Anstatt also einer längst überholten Fantasie von Einheit des Denkens und Glaubens hinterherzurennen und in falsch verstandenem missionarischem Eifer andere zum Umdenken bewegen zu wollen, bemühen sich heute viele in lebhaften Gesprächen um eine menschenfreundliche Interpretation der eigenen wie der fremden Traditionen. Allerdings sind es selten diese liberalen Gläubigen, die das Bild in der Öffentlichkeit bestimmen, sondern zu oft radikal Denkende, die Gehör finden. Dieses Buch ist daher ein Plädoyer und ein Mutmacher für die Gläubigen aller Religionen, dieses Miteinander deutlich sichtbarer werden zu lassen – in den Debatten wie auch im konkreten Tun.

www.vier-tuerme.de

Bibliografische Information der Deutschen Nationalbibliothek

Die Deutsche Nationalbibliothek verzeichnet diese Publikation in der Deutschen Nationalbibliografie. Detaillierte bibliografische Daten sind im Internet über http://dnb.d-nb.de abrufbar.

Ohne Folie
Für unsere Umwelt

in Deutschland
produziert

MIX
Papier aus verantwor-
tungsvollen Quellen
FSC® C014889
FSC
www.fsc.org

1. Auflage 2022
© Vier-Türme GmbH, Verlag, Münsterschwarzach 2022
Alle Rechte vorbehalten

Lektorat: Marlene Fritsch
Satz: Matthias E. Gahr
Umschlaggestaltung: wunderlichundweigand
Umschlagmotiv: angkrit / shutterstock.com
Druck und Bindung: Pustet, Regensburg
ISBN 978-3-7365-0424-0

www.vier-tuerme-verlag.de